DuMont Schnellkurs

FERNSEHEN

Werner Scholz, geboren 1964, studierte Philosophie, Germanistik, Pädagogik und Indologie. Er lebt und arbeitet als freier Journalist in Lingen (Ems).

DuMont Schnellkurs

FERNSEHEN

Werner Scholz

DUMONT

Impressum

Umschlagvorderseite von links nach rechts und von oben nach unten:
Die erste Nachrichtensendung im deutschen Fernsehen: die »Tagesschau« (Foto: picture-alliance/dpa) / Hinter den Kulissen: ein Kameramann bei der Arbeit (Foto: picture-alliance/ZB) / Kultserie aus den Siebzigern: »Raumschiff Enterprise« (Foto: Interfoto) / Eine Kindersendung, die auch Erwachsene begeistert: »Die Sendung mit der Maus« (Foto: Ullstein Bild) / Umstrittenes Reality-TV: »Big Brother« (Foto: picture-alliance/dpa) / Wichtiger Programmbestandteil bei privaten und öffentlich-rechtlichen Sendern: aktuelle Berichterstattung rund um die Uhr (Foto: picture-alliance/dpa)

Umschlagrückseite von links nach rechts:
Jim Knopf und Lukas, der Lokomotivführer, die Stars der Augsburger Puppenkiste (Foto: HR/C.Meile) / Ein Astra-Fernsehsatellit

Frontispiz:
Programmstart des NWDR am 25. Dezember 1952

Bibliographische Information der Deutschen Bibliothek:
Die Deutsche Bibliothek verzeichnet diese Publikation in der Deutschen Nationalbibliographie; detaillierte bibliographische Angaben sind im Internet über http://dnb.ddb.de abrufbar.

Originalausgabe

Druck: Rasch, Bramsche
Buchbinderische Verarbeitung: Bramscher Buchbinder Betriebe
Printed in Germany
ISBN 978-3-8321-7753-9

Inhalt

Inhalt

Mit großen Schritten in Richtung 80er Jahre

Die neue Medienvielfalt

Die Fernsehlandschaft nach der Wende

Anhang

Vorwort

Einen »Schnellkurs Fernsehen« zu verfassen ist eine große Herausforderung, denn nicht nur ein umfassendes Stück lebendiger Kultur- und Alltagsgeschichte will dabei gewürdigt sein – Fernsehen ist zugleich eine einzigartige technologische Leistung, die mit vergleichsweise einfachen Methoden ihren Anfang nahm und inzwischen, nur ein gutes Jahrhundert später, zu einem weltweiten Informationsnetz herangewachsen ist, in dem das Zusammenspiel von Computern und Satelliten ebenso selbstverständlich ist wie der Reichtum an Unterhaltungs- und Bildungsprogrammen oder die aktuellen News aus aller Welt – immer in brillanter Bild- und Tonqualität.

Eine Vielzahl bahnbrechender Erfindungen hat das Fernsehen überhaupt erst möglich gemacht, oftmals ohne dass deren jeweilige Urheber ahnen konnten, welche Bedeutung ihre Entdeckungen einstmals haben würden. Dabei ist die Entwicklung des Fernsehens bei weitem nicht abgeschlossen. Pay-TV, hochauflösende Flachbildschirme, Digitalfernsehen und Internet-Fernsehen sind Stichworte, die auf den weiteren technischen Wandel des Mediums verweisen.

Lee De Forest gilt als der Vater des amerikanischen Rundfunks. Er baute 1906 die erste Tridode namens *sperical audion* (1907 zum Patent angemeldet) und entdeckte zwei Jahre später die Verstärkerwirkung. Erfinder der Verstärkerröhre ist er aber nicht, da der Österreicher Robert von Lieben (1878–1913) die Verstärkung bereits in seinem Patent 1906 beschrieb. Ohne die Arbeit diese Pioniere gäbe es weder Rundfunk noch Fernsehen.

Trotz modernster Technologie geschieht aber nichts ohne die vielen Menschen, die diesem Medium rund um die Uhr immer wieder neues Leben einhauchen, indem sie Programme gestalten, Fernsehformate schaffen, Nachrichten sammeln, mit der Kamera unterwegs sind, Drehbücher schreiben, Animationen erstellen ... Die Welt des Fernsehens ist dynamisch und hochkomplex. Vor diesem Hintergrund ist der »Schnellkurs Fernsehen« eher dazu bestimmt, einen möglichst vielseitigen Überblick zu verschaffen, als einzelne Aspekte zu vertiefen. Außerdem soll er jungen Menschen, die sich für einen »Fernsehberuf« interessieren – sei es der des Fernsehjournalisten, des Moderators, Mediengestalters Bild und Ton – Informationen und Anregungen bieten.

»Das Problem mit dem Fernsehen ist, dass die Leute sitzen und mit ihren Augen am Bildschirm kleben müssen. Die durchschnittliche amerikanische Familie hat für so etwas keine Zeit«, so urteilte die »New York Times« 1939, als auf der Weltausstellung der Prototyp eines Fernsehapparats vorgestellt wurde.

So groß der Erfindergeist in der Pionierzeit des Fernsehens war, so wenig konnte der Durchschnittsbürger sich vorstellen, dass die Übertragung bewegter Bilder in nur wenigen Jahrzehnten einen Siegeszug antreten würde, der das Fernsehen zum weltweit größten Massenmedium heranwachsen ließ.

Allein bis zum Jahr 2000 ist die Zahl der Fernsehgeräte Schätzungen zufolge weltweit auf 1,4 Milliarden gestiegen, während es Ende der 70er Jahre »nur« etwa 500 Millionen waren. In den 90er Jahren hat schließlich die Programmvielfalt drastisch zugenommen und damit auch die Zeit, die Menschen Tag für Tag vor dem Fernseher verbringen. So ist es eine unbestreitbare Tatsache, dass Fernsehen weltweit die Meinungsbildung, das Denken und Fühlen, ja fast das gesamte Leben auf einzigartige Weise prägt.

Fernsehen ist das Medium, das bei aller Unüberschaubarkeit der heutigen Programmfülle andererseits die Welt überschaubar erscheinen lässt. Korrespondenten berichten rund um die Uhr aus aller Welt, politi-

Entwicklung der Sehdauer von 1992 bis 2005

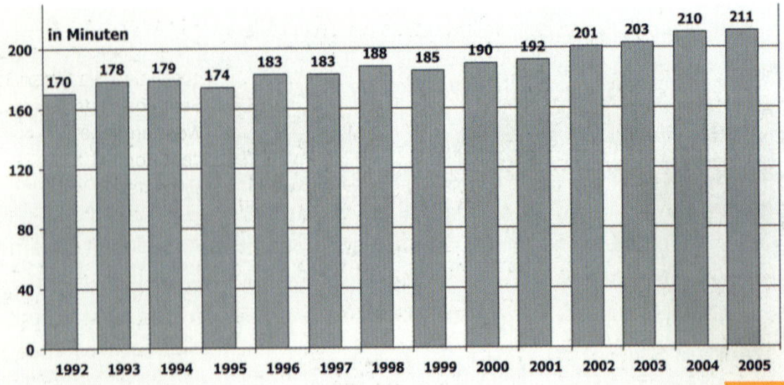

AGF/GfK Fernsehforschung, pc#tv
Fernsehpanel (D) bis 2000 / Fernsehpanel (D+EU) ab 2001, Zuschauer ab 6 Jahre mit Gästen (1992-1994), Zuschauer ab 3 Jahre (seit 1995), Mo-So, 3.00 - 3.00 Uhr (seit 1995)

GfK

Durchschnittlicher Fernsehkonsum
Etwa 3,5 Stunden sitzt Otto Normalverbraucher Tag für Tag vor dem Fernseher. Nach einer Studie der SevenOne Media GmbH, der Werbezeiten-Vermarkterin der ProSiebenSat.1-Gruppe nimmt die Fernsehbegeisterung der Deutschen noch immer stetig zu. So ist der Fernsehkonsum von täglich 167 Minuten im Jahr 1994 auf mittlerweile 210 Minuten gestiegen.
Ein besonders deutlicher Anstieg ist bei jungen Menschen festzustellen: Mit 311 täglichen Fernsehminuten schauen diese 78 Minuten mehr als noch im Vergleichsjahr 1994. Menschen im Rentenalter sitzen ebenfalls länger vor der »Flimmerkiste«: Mit 293 Minuten durchschnittlich schauen auch sie dieser Studie zufolge etwa fünf Stunden täglich fern.

sche Entscheidungen aus den Zentren der Macht dringen per Knopfdruck sofort bis in jedes Wohnzimmer mit eingeschaltetem Gerät vor. Doch was durch das Fernsehen nah und überschaubar erscheint, ist immer nur eine Auswahl an Bild und Ton – gefiltert, manipulierbar, provokativ oder entlarvend, mitunter auch bewusst verfälscht.

Als Mittel und Massenmedium zur Meinungsbildung ganz im Sinne einer Diktatur durchlief das Fernsehen der ehemaligen DDR eine gänzlich andere Entwicklung als das öffentlich-rechtliche Fernsehen der früheren Bundesrepublik. Zu den Fernseh-Highlights der DDR gehörte dabei – wenn auch im negativen Sinne – sicher die 30 Jahre lang wöchentlich ausgestrahlte

Vom 21. März 1960 bis zum 30. Oktober 1989 sorgte »Der schwarze Kanal« von und mit Karl Eduard von Schnitzler (1918–2001) im DDR-Fernsehen für politische Propaganda gegen die Bundesrepublik bzw. den Westen insgesamt. Von Schnitzler bediente sich in seinen 1519 Folgen gerne der propagandistischen Methode, Sendebeiträge des Westfernsehens aus dem Kontext zu reißen, sinnentstellt widerzugeben und entsprechend zu kommentieren. Die letzte Sendung, in der sich von Schnitzler angesichts der bevorstehenden Wende als überzeugter Kommunist verabschiedete, dauerte nicht einmal fünf Minuten.

Gerhard Löwenthal (1922–2002) moderierte 585 Mal das »ZDF-Magazin«. Er gilt als *der* Gegenspieler von Schnitzlers. In der Rubrik »Hilferufe von drüben« prangerten ausreisewillige DDR-Bürger die damalige Ost-Diktatur an.

Propagandareihe »Der schwarze Kanal«. Mit diesem Titel war das Westfernsehen gemeint: »Der Schwarze Kanal, den wir meinen, meine lieben Damen und Herren, führt Unflat und Abwässer; aber statt auf Rieselfelder zu fließen, wie es eigentlich sein müsste, ergießt er sich Tag für Tag in Hunderttausende westdeutsche und westberliner Haushalte. Es ist der Kanal, auf welchem das westdeutsche Fernsehen sein Programm ausstrahlt: Der Schwarze Kanal. Und ihm werden wir uns von heute an jeden Montag zu dieser Stunde widmen, als Kläranlage gewissermaßen.«

Es wäre an dieser Stelle einseitig, zu verheimlichen, dass von Schnitzler mit Gerhard Löwenthal und dessen »ZDF-Magazin«, das von 1969 bis 1988 ausgestrahlt wurde, einen westdeutschen Kontrahenten hatte, der ihm gewachsen war. Heftig attackierte Löwenthal die kommunistischen Regime Osteuropas – insbesondere die DDR. Mit seinen kritischen Beiträgen war Löwenthal, der gerne auch die Linken und Linksliberalen der Bundesrepublik angriff, alles andere als unumstritten. Genau das aber unterschied das Westfernsehen vom Fernsehen der DDR, denn eine solche journalistische Streitkultur und Meinungsvielfalt gab es in der DDR nicht.

Abb. rechts: Vom ersten Tag an Kult: »Deutschland sucht den Superstar«, ausgestrahlt von RTL. Das Format begeisterte ein Millionenpublikum, das mit den jungen Gesangstalenten mitfiebert.

Die DDR ist inzwischen – ebenso wie beide Sendungen – historisch. Die Fernsehlandschaft hat sich ebenso die die weltpolitische Lage in den letzten beiden

Jahrzehnten drastisch gewandelt. Mitte der 1980er Jahre begann das Privatfernsehen das Programmspektrum zu erweitern. Hatte das Fernsehen in Deutschland mit den Programmen von ARD und ZDF bis dahin einen geradezu beschaulichen Charakter, so trat mit dem Aufkommen des privaten Fernsehens auch ein Stil des Fernseh-Machens in Erscheinung, der aufgrund des kommerziellen Interesses privater Sender vordergründig auf Einschaltquoten setzen muss.

Ein einzigartiges Fernsehformat, das sich auch als Reality-TV bezeichnen lässt, hat Eduard Zimmermann am 20. Oktober 1967 im ZDF gestartet, die Sendung »Aktenzeichen XY ungelöst«. »Den Bildschirm zur Verbrechensbekämpfung nutzen, das ist der Sinn dieser Sendereihe«, mit diesen Worten begann Zimmermann mittels Fernsehen Verbrecher zu jagen. Zu Beginn war »Aktenzeichen XY ungelöst« heftig umstritten. Die Kritik verstummte aber spätestens, als in der sechsten Sendung am 7. Juni 1967 der erste Mord aufgeklärt werden konnte.

Völlig neue Unterhaltungsformate – nicht selten tabubrechend und schrill – eroberten die Mattscheiben. Die RTL-Erotik-Show »Tutti Frutti« etwa, in der Anfang der 1990er Jahre zu später Abendstunde »Oben-Ohne«-Damen zu sehen waren, war einerseits sehr umstritten, zeichnete sich aber andererseits durch gute Einschaltquoten aus. Ohne jeden Zweifel wäre eine solche Sendung zehn Jahre zuvor nicht denkbar gewesen – schon gar nicht im öffentlich-rechtlichen Fernsehen.

Die Rubrik »Infotainment«, also die Verbindung von Information und Unterhaltung, zählt schon seit Jahren

Sehr umstritten: Sonja Zietlow und Dirk Bach moderierten 2004 erstmals die RTL-Show »Ich bin ein Star – Holt mich hier raus!«, in der mehr oder weniger Prominente in einem sogenannten Dschungel-Camp leben mussten und diverse Ekel-Tests zu bestehen hatten. Nach britischem Vorbild aufgebaut, wurde diese Show besonders in der ersten Staffel von Menschenrechtlern ebenso wie von Tierschützern heftig kritisiert.

zum Standardrepertoire des privaten Nachmittags- und Abendprogramms. Quote zählt: Ob prügelnde Straßengangs, realitätsferner Alltag im Frauengefängnis oder Drogenexzesse – die Kritik, mit Geschmacklosigkeit und Effekthascherei hohe Einschaltquoten erzielen zu wollen, ist deutlich vernehmbar. Wo einst harmloses Kinderfernsehen zu sehen war, sitzen inzwischen Menschen vor der Kamera, die sich als sexuell unersättlich, maßlos streitsüchtig oder wie auch immer gestört outen. Zudem wirft das »Reality-TV«, eine plakative Berichterstattung, die mitunter kaum mehr die Privatsphäre der Menschen achtet, immer wieder die Frage auf, wo moralische Grenzen zu ziehen sind.

Das ist aber nur eine Seite der heutigen Fernsehvielfalt, denn hierzulande bietet das Medium nach wie vor eine Fülle von Information, journalistischer Sachkompetenz, an Kultur und niveauvoller Unterhaltung. Längst gibt es »KiKa«, den Kinderkanal mit entsprechendem Programm, oder etwa den Kultursender ARTE. Was also konsumiert wird, liegt wortwörtlich im Auge des Betrachters. Dass Erwachsene hierbei gegenüber ihren Kindern besondere Verantwortung tragen, versteht sich von selbst.

Fernsehen als Global Player vermag viele Millionen Menschen weltweit zugleich zu fesseln, wenn etwa Sportereignisse wie Weltmeisterschaften ausgetragen werden. Fernsehen kann aufklären und beraten – beispielsweise wenn es um Fragen des Rechts oder der Gesundheit geht. Fernsehen kann für Entspannung sorgen, Träume wecken und so manch einem Zuschauer helfen, den möglicherweise tristen Alltag zeitweilig zu vergessen.

Abenteuer in den entlegensten Winkeln der Erde, Tier- und Wissenschaftsmagazine oder Musik-, Comedy-, Quiz- und Kultursendungen: Fernsehen wird von Menschen für Menschen gemacht.

Dabei ist das Medium ein Spiegel, der in vielfältiger Weise die jeweils herrschenden Ängste und Feindbilder reflektiert. Themen wie internationaler Terrorismus oder Islamismus stehen heute ebenso auf der Fernseh-Tagesordnung wie die Unruhen in Afghanistan, der Atomstreit mit dem Iran oder der Überfall auf den Irak.

Dass Fernsehen sogar die Kritik auf sich ziehen kann, Sprachrohr religiös-extremistischer Terrorgruppen zu sein, ist eine ganz neue Entwicklung. Sie trifft vor allem den arabischen Nachrichtensender Al-Jazeera (»Die Insel«) aus Katar, der wiederholt Videoaufzeichnungen islamischer Terroristen ausstrahlte. Diese Botschaften hatten sich allerdings schon eines anderen Mediums bedient – des Internets.

Seitdem es die gestiegenen Datenübertragungsraten erlauben, bewegte Bilder in akzeptabler Qualität via Internet zu übertragen, erlebt das Fernsehen gewissermaßen eine zweite Pionierzeit – mehr und mehr Menschen nutzen sogenannte »Clips«, kurze Filme, die im Internet von privaten oder institutionellen Anbietern bereitgestellt werden. Die digitale Medienwelt der Zukunft wird die Fernsehlandschaft noch enger mit dem Internet verbinden, was nicht nur zunehmende Globalisierung bedeutet, sondern zugleich die Möglichkeit, das Fernsehverhalten grundlegend zu ändern. Programme lassen sich in Zukunft den Bedürfnissen der Zuschauer individuell anpassen und interaktiv gestalten. Im Zuge dieser technologischen Entwicklung werden sich auch die Berufsbilder grundlegend wandeln.

1996 gegründet, ist Al-Jazeera der bekannteste und zugleich auch erfolgreichste arabische Satelliten-Fernsehkanal. Der Sender zeichnet sich aus durch eine grundsätzlich freiheitliche Haltung und ist bestrebt, möglichst unzensierten Fernsehjournalismus frei von staatlicher Kontrolle zu bieten.

1870–1871
Deutsch-Französischer Krieg. Wilhelm I. wird in Versailles zum deutschen Kaiser ausgerufen. Der erste deutsche Nationalstaat entsteht.
1873
Weltausstellung in Wien; Börsenkrach. Es folgen Wirtschaftskrise und Massenauswanderungen.
1874
Der Ingenieur Carl von Linde baut die erste Kältemaschine.
1877
Emil Berliner erfindet das Mikrofon für Fernsprecher.
1882
Robert Koch entdeckt den Tuberkulose-Erreger.
1882
Thomas Alva Edison baut in New York das weltweit erste Elektrizitätswerk.
1887
Heinrich Hertz gelingt es, elektromagnetische Wellen experimentell nachzuweisen – damit ist die physikalische Grundlage für drahtlose Telegrafie, Rundfunk und Fernsehen geschaffen.
1902
In Ägypten wird mit dem Assuan-Staudamm das größte Stauwerk der Welt fertiggestellt.
1903
Den Gebrüdern Wright gelingt der erste gelenkte Motorflug.
1906
Ein Erdbeben verwüstet San Francisco.

Idee und Umsetzung – erste Gehversuche einer neuen Technik

Der Wunsch, bewegte Bilder von einem Ort an einen oder mehrere andere zu übertragen, stellt vielfältige technische Ansprüche. Es bedarf zunächst eines Apparates, der die Bilder aufzeichnet. Dabei muss es unbedingt schnell gehen, denn unser Auge fällt grundsätzlich auf einen Trick herein: Viele Bilder hintereinander erwecken den Eindruck von Bewegung. Am einfachsten lässt sich das am berühmten »Daumenkino« erkennen, dessen einzelne Bilder beim raschen Durchblättern eine Art Film ergeben. Der Apparat, der die Bilder in rascher Folge aufzeichnen soll, muss zudem in der Lage sein, Licht in elektrische Impulse zu verwandeln, denn nur so ist die Übertragung möglich. Mit einer reinen Filmkamera, die ihre Bilder auf ein Speichermedium bannt, ist es also nicht getan.

Sind diese Hürden genommen, bedarf es einer Methode, um die Impulse zu übermitteln. Dazu wiederum müssen sie zunächst verstärkt werden. Soll die Übertragung nicht nur über Draht, sondern über den Äther stattfinden, muss das Signal in elektromagnetische Schwingungen umgewandelt werden, die dann auf der Empfängerseite wieder in elektrische Impulse konvertiert werden. Diese Impulse wären nutzlos, stünde nicht ein Apparat zur Verfügung, der sie wieder in Licht verwandelt – und zwar so, dass zu erkennen ist, was aufgezeichnet wurde. Eine solche Apparatur gehört hier und heute zu nahezu jedem Haushalt – es ist der Fernseher.

Fernsehen ist zu vergleichen mit einem Puzzle, zusammengefügt aus Erfindungen, die den unterschiedlichsten Bereichen angehören. So hat das Fernsehen eine Menge »Väter«, die oftmals von einander nichts wussten und zeitgleich nebeneinander her an ihren Ideen und Erfindungen arbeiteten, wobei manch brillante Entdeckung bahnbrechend war, wie etwa die »Braunsche Röhre«, während andere Konzepte nach kurzer Zeit an die Grenzen ihrer Möglichkeiten stießen und verschwanden.

Dass man Bilder punkt- und zeilenweise abtasten muss, um sie überhaupt übertragen zu können, hatte der schottische Erfinder Alexander Bain (1811–1877) bereits 1843 erkannt. In jenem Jahr erhielt er das Patent für das erste Faxgerät.

Bewegung brachte 1883 Paul Nipkow (1860–1940) in die Sache, die damals noch längst nicht »Fernsehen« hieß. Er erfand ein »Elektrisches Teleskop zur elektrischen Wiedergabe leuchtender Objekte«. Das Verfahren ist denkbar einfach und basiert auf der sogenannten Nipkow-Scheibe. Die Scheibe ist perforiert mit kleinen rechteckigen Öffnungen, die auf verschiedenen Bahnen spiralförmig angeordnet sind. Dreht sich die Scheibe und wählt man einen Ausschnitt, so entspricht jede Bahn einer Bildzeile und durch das jeweilige Loch wird vermittelt, wann es wo auf jeder – leicht gebogenen – Zeile wie hell oder dunkel ist. Bei entsprechend schneller Drehung lassen sich viele Bilder hintereinander abtasten und – dank der Entwicklungen anderer Erfinder, etwa der Photozelle – übertragen. Darum gilt Paul Nipkow als Erfinder der ersten praktischen Methode, Fernsehen zu ermöglichen. Erste Fernsehübertragungen mittels der »Nipkow-Scheibe« wurden im ersten Drittel des 20. Jahrhunderts durchgeführt.

1907
In Detroit rollt das erste Serienauto vom Band. Das »Model T« von Ford hat 21 PS.

1912
Untergang des Ozeandampfers »Titanic«.

1914–1918
Erster Weltkrieg

1916
Albert Einstein vollendet die allgemeine Relativitätstheorie.

1929
Mit den Zusammenbruch der New Yorker Börse beginnt die Weltwirtschaftskrise.

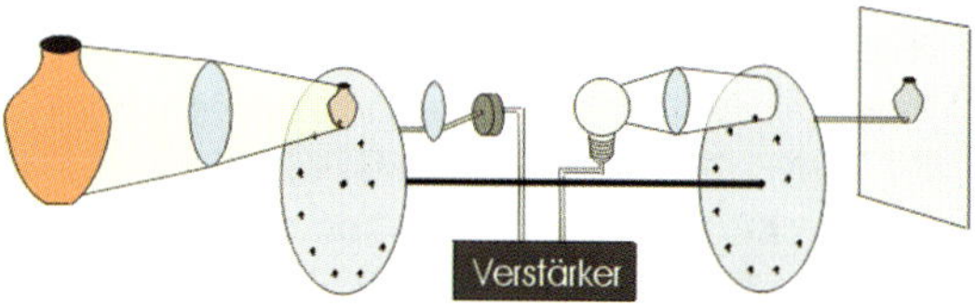

Die Nipkow-Scheibe im Modell: Das Abbild eines Gegenstandes (links) wird über ein Brennglas auf die rotierende Scheibe projiziert. Von dort aus wird das Licht, dass durch die kreisenden Löcher freigegeben wird, über ein weiteres Brennglas auf eine Photozelle gebündelt, die Ströme erzeugt. Diese wiederum speisen einen Brenner, dessen Licht über eine synchronisierte Scheibe auf eine Fläche projiziert wird.

Die Nipkow-Scheibe war zwar eine geniale Erfindung, musste aber trotz weiterer Entwicklung in eine Sackgasse führen, denn rotierende Scheiben sind an die Grenzen ihrer mechanischen Möglichkeiten gebunden. Genauigkeit, Geschwindigkeit und die Zahl der Löcher erlaubten kaum eine Bildqualität, die auch nur ansatzweise mit dem heutigen Fernsehen vergleichbar wäre.

Elektronik statt Mechanik – das Fernsehen nimmt Gestalt an

Der Ungar Dénes von Mihály (1894–1953) war bereits 1914 als Student in Budapest von der Idee begeistert, Bilder elektrisch über weite Strecken zu übertragen. Er konstruierte einen Übertragungsapparat mit Nipkow-Scheibe, den er »Telehor« nannte. Am 7. Juli 1919 gelang ihm die erste Übertragung über eine fünf Kilometer lange Drahtleitung. Zu sehen waren Schattenbilder sich bewegender Scheren und Zangen.

Fast zehn Jahre später, zur 5. Großen Funkausstellung in Berlin 1928, war der Telehor »ausgereift«. Mit einer Bildgröße von 4 x 4 cm, gerade einmal 30 Zeilen und 900 Bildpunkten bei zehn Bildern pro Sekunde, war die Qualität alles andere als überzeugend. Es zeichnete sich ab, dass eine mechanische Abtastung keine Zukunft haben würde, zumal es schon eine elektronische Alternative gab.

Auf derselben Ausstellung präsentierte der Physiker und Erfinder August Karolus (1893–1972) einen Telefunken-Prototypen mit 96 Zeilen, 8 x 8 cm Bildschirm und 10.000 Bildpunkten. Über ein Spiegelrad ließ sich das Bild auf eine Fläche von 75 x 75 cm projizieren. Die Zukunft des Fernsehens sollte der Elektronik gehören.

Ein Telehor mit Nipkow-Scheibe aus dem Jahr 1930.

Als entscheidend für die weitere Entwicklung erwies sich eine Erfindung, die Karl Ferdinand Braun (1850–1918) bereits im 19. Jahrhundert gemacht hatte: die »Braunsche Röhre«, eine Kathodenstrahlröhre. Diese trichterförmige Glasröhre ist in optimierter Bauweise auch heute noch das Element, auf das Tag für Tag millionenfach geschaut wird – die Fernsehbildröhre.

Der russisch-amerikanische Forscher Vladimir Kosma Zworykin (1889–1982) trug 1928 mit seiner »Kinescope«-Röhre ent-

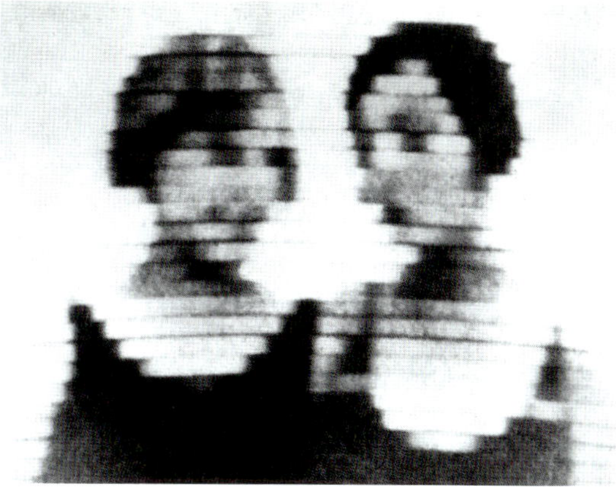

Typisch für Projektionen mit der Nipkow-Scheibe ist die gebogene Zeilenform.

schieden dazu bei, die Braunsche Röhre in einen Fernsehbildschirm zu verwandeln. Da diese Röhre elektronisch funktioniert, ließen sich Bildgröße und Qualität erreichen, wie wir sie heute kennen.

Um den Grundstein für ein Fernsehen legen zu können, das sich eignet, ein Massenmedium zu werden, bedurfte es noch eines elektronischen Verfahrens zur Bildabtastung. Eine solche Abtast-Technik hatte Zworykin schon im Jahre 1923 erfunden. Sein »Iconoscope« war die Aufnahme-Röhre der ersten Fernsehkameras.

Damit waren bereits Ende der 1920er Jahre die Grundlagen für ein rein elektronisches Fernsehen geschaffen. Überall wurde geradezu fieberhaft mit dem neuen Medium experimentiert. In England arbeitete der schottische Physiker John Logie Baird (1888–1946) schon 1928 an einem Farbfernsehsystem. Er verwen-

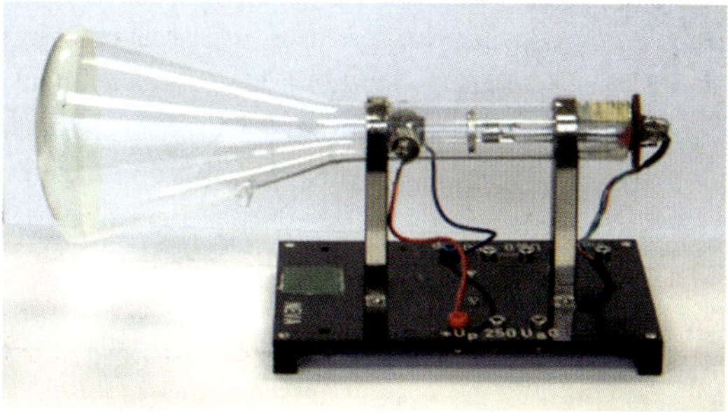

Eine Braunsche Röhre. Nach ihrem Prinzip arbeiten heutige Fernsehbildröhren.

Zworykin mit Kinescope-Bildröhren.

dete dabei noch eine Nipkow-Scheibe mit rotem, blauem und gelbem Filter. Er war es auch, dem die erste transatlantische Übertragung bewegter Bilder von London nach New York gelang. Zu den Sternstunden des amerikanischen Fernsehens zählte eine New Yorker Übertragung im Januar 1928. Der Ingenieur Ernst Frederik Werner Alexanderson (1878–1975), Chefkonstrukteur der Firma General Electric, führte damals seinen mechanischen Fernsehapparat mit 48 Zeilen vor.

Erfinder und Firmen diesseits und jenseits des Atlantiks eiferten in Sachen Fernsehen um die Wette. In der Nacht zum 9. März 1929 präsentierte die Deutsche Reichspost die erste drahtlose Fernsehsendung in Deutschland – damals noch ohne Ton. Ein Bild mit ganzen 900 Bildpunkten wurde von Berlin-Witzleben aus übertragen und in verschiedenen Stadtteilen Berlins empfangen. Zu sehen waren Frauen in Badeanzügen. Anschließend fanden tägliche Versuchssendungen statt. Da man zunächst noch mit der Nipkow-Scheibe arbeitete, war die Qualität bescheiden.

Zworykins Ideen inspirierten in Deutschland schließlich einen Mann, der die Fernseh- und Rundfunkwelt nachhaltig prägen sollte. Manfred von Ardenne (1907–1997), der bereits als Fünfzehnjähriger die Mehrfachelektronenröhre erfunden hatte, griff den Gedanken auf, sich rein elektronischer Methoden bei der Übertragung zu bedienen. Als er 1928 volljährig geworden war, setzte er sein ererbtes Vermögen ein, um sich in Berlin seinem »Forschungslaboratorium für Elektronenphysik« zu widmen. Seine Arbeiten wurden rasch von Erfolgen gekrönt, mit denen er Fernsehgeschichte schrieb. Von Ardenne baute den »Leuchtfleck-Abtaster«. Weihnachten 1930 gelang ihm die weltweit erste vollelektronische Fernsehübertragung.

Manfred von Ardenne, 1931.

Das Patent auf seine neuartige Mehrfachröhre hatte er lange zuvor an den Industriellen Siegmund Loewe

Von Ardennes voll elektronische Versuchsanordnung zur Fernsehübertragung auf der Funkausstellung 1931.

verkauft. Damit war Loewe in der Lage, nicht nur Radios zu bauen, die der Konkurrenz überlegen waren, Loewe und von Ardenne arbeiteten auch im Bereich des Fernsehens zusammen. 1931 führten von Ardenne und Loewe die vollelektronische Fernsehübertragung öffentlich vor, Loewe konstruierte den ersten vollelektronischen Fernsehapparat. Das gemeinsam entwickelte Gerät war auf der 8. Großen Deutschen Funkausstellung in Berlin auf dem Stand 331 der »Radio Aktien-Gesellschaft D. S. Loewe« zu sehen.

Im In- und Ausland erregte von Ardenne mit seiner komplett elektronischen Technik großes Aufsehen. Bereits ein Jahr später schrieb die Reichspost für das Deutsche Reich eine Fernsehnorm fest, die einige Jahre gelten sollte: verlangt wurden zunächst 90 Zeilen und 25 Bilder pro Sekunde. Damit ließ sich eine bis dahin unerreichte Bildqualität verwirklichen. Die Ära der Nipkow-Scheiben war beendet.

Hans Bredow und die Reichsrundfunkgesellschaft

Die Entwicklung des Fernsehens war (und ist) nicht nur geprägt durch Pioniergeist und Einfallsreichtum einzelner Techniker und Ingenieure. Wirtschaft, Industrie und natürlich auch die Politik haben ebenfalls ihren Teil beigetragen.

In diesem Zusammenhang ist zunächst Hans Bre-

Hans Bredow

dow (1879–1959) zu nennen, der maßgeblich an der Einführung des Rundfunks in Deutschland beteiligt war. Schon 1908 wurde Bredow zum technischen Direktor der »Telefunken-Gesellschaft« ernannt. Sofort begann der engagierte Ingenieur damit, den deutschen Schiffs- und Überseefunkdienst aufzubauen. 1913 wurde unter Bredows Federführung der Funkverkehr zwischen Deutschland und den USA organisiert. Im selben Jahr realisierte Bredow bereits erste Musikübertragungen. Nach dem Ersten Weltkrieg, 1919, wechselte er schließlich zum Reichspostministerium, wo er als Ministerialdirektor begann, ein »Reichsfunknetz« ins Leben zu rufen. Im November 1919 sprach Bredow in einem Vortrag in Berlin erstmals über die Möglichkeit eines »Rundfunks« für Privatempfänger. Auch der heute geläufige Begriff ist damals entstanden.

Nur zwei Jahre später wurde Bredow Staatssekretär für das Telegrafen-, Fernsprech- und Funkwesen und arbeitete in dieser Funktion daran, den Rundfunk bzw. ein Radioprogramm einzurichten. In dieser Zeit fanden die ersten Übertragungen von Instrumentalmusik in Deutschland statt. Im Sommer 1921 wurde bereits aus der Staatsoper Berlin übertragen. Mikrofone damaliger Telefone nahmen den Ton auf. Um Schallplatten zu übertragen, wurden diese Mikrofone vor Grammophontrichtern platziert.

Empfangen werden durfte nur von behördlichen Stationen, der private Empfang war strengstens untersagt.

Anfang der 1920er Jahre wurden auch in den USA und in Großbritannien erste Programme organisiert. In den USA waren es private Unternehmen, die im zukünftigen Radioprogramm Marktchancen sahen und beim amerikanischen Wirtschaftsministerium Lizenzen für einen Programmbetrieb beantragten. Waren es

1920 erst 20, so verzehnfachte sich die Anzahl in nur zwei Jahren. Die jeweiligen Sendegebiete mussten angesichts des Wellensalats mit Hilfe der »Hoover Committees« begrenzt werden.

Entwickelte sich in den USA rasch ein Netz privater Sender, so wurde in Großbritannien ein anderer Weg beschritten: 24 Firmen schlossen sich zusammen und gründeten am 15. Dezember 1922 gemeinsam »The British Broadcasting Company«, eine Gesellschaft, die etwa einen Monat später die Sendelizenz erhielt und schon am 31. Dezember 1926 wieder aufgelöst wurde. Nachfolgerin wurde die »British Broadcasting Corporation« (BBC). Organisation, Zahl der Sendeanstalten, Frequenzen und Reichweiten, aber auch die Rahmenbedingungen des Programms und die zu erhebenden Gebühren oblagen staatlicher Reglementierung. Die Entwicklungen in Deutschland – und zwar sowohl beim Rundfunk als auch beim Fernsehen – fanden hier ihr Vorbild.

Ein wichtiger Grundstein war das »Gesetz über das Telegraphenwesen des Deutschen Reichs« vom April 1892, das der Post die alleinige Zuständigkeit für den Funkverkehr garantierte.

1922 teilte die Reichspost Deutschland in neun Sendebezirke auf, deren Versorgung private Programmgesellschaften übernehmen sollten. Die Sendeeinrichtungen allerdings waren Eigentum der Post. Am 24. Oktober 1923 verfügte das Reichspostministerium die »Einführung des Unterhaltungsrundfunks in Deutschland«. Künstlerische und unterhaltende Vorträge,

Der Unterhaltungsrundfunk wird eröffnet

»Achtung, Achtung, hier ist die Sendestelle Berlin im Voxhaus auf Welle 400 Meter. Meine Damen und Herren, wir machen Ihnen davon Mitteilung, dass am heutigen Tage der Unterhaltungsrundfunkdienst mit Verbreitung von Musikvorführungen auf drahtlos-telephonischem Wege beginnt. Die Benutzung ist genehmigungspflichtig ...« – mit diesen Worten wurde am 29. Oktober 1923 der »Unterhaltungsrundfunk« eröffnet. Die »Radiostunde« gab es täglich von 20 bis 21 Uhr.

Musik und mehr sollten drahtlos übertragen werden. Die entsprechende Verfügung mit der Nummer 815 enthielt auch bereits Anweisungen zu den geplanten Genehmigungsverfahren für private Rundfunkempfänger.

Der öffentliche Rundfunk wurde in Deutschland am 29. Oktober 1923 pünktlich um 20 Uhr mit der »Radiostunde« eröffnet. Es war Bredow selbst, der zuvor auf einer Pressekonferenz die Freigabe des Unterhaltungsrundfunks in Deutschland angekündigt hatte. Allerdings fanden sich bis zum 1. Dezember des Jahres lediglich 467 zahlende Teilnehmer. Zehntausendende hörten »schwarz« – mit billigen Detektorempfängern, einfachen Geräten, die aus wenigen Bauteilen bestanden. Eine Rundfunkempfangsgenehmigung kostete 1923 aufgrund der galoppierenden Inflation 350 Milliarden Reichsmark, das entsprach dem Gegenwert von 200 Gramm Butter.

Im Mai 1925 wurde die Reichsrundfunkgesellschaft (RRG) ins Leben gerufen. Neun private Programmgesellschaften – die bayrische ausgenommen – schlossen sich unter Federführung der Reichspost zusammen, um »die zentrale Leitung der angeschlossenen Rundfunkgesellschaften zu übernehmen«, so die damalige Satzung. Als Dachorganisation besaß die RRG

Zum Jahresbeginn 1925

»Rundfunkneujahr! Nur wenige Wochen liegen die Gedenktage hinter uns, die dem einjährigen Bestehen des deutschen Rundfunks gewidmet waren. Noch kürzere Zeit nur trennt uns von der großen deutschen Funkschau. Beide Ereignisse führten uns die beispiellose Entwicklung vor Augen, die der Rundfunk in Jahresfrist in unserem Vaterlande genommen hat.

Heute wollen wir nicht zurückschauen, sondern vorwärts. Der Weg für den Rundfunk ist frei, der Rundfunkgedanke neu belebt. Zum Heimrundfunk wird der Gemeinderundfunk hinzutreten und vielen, die bis jetzt noch abseits standen die überragende kulturelle Bedeutung des Rundfunks deutlich machen. Mit gutem Mut können wir in das neue Rundfunkjahr hineingehen. Ich rufe alle, die es angeht, zur Mitarbeit auf, Seite an Seite mit uns!«

Geleitwort von Hans Bredow, Staatssekretär.

Rundfunkanstalt	Gebühren zahlende Teilnehmer		Zunahme	
	am 26.2.1925	am 1.4.1925	Zuwachs	täglich
Berlin	292.045	316.238	24.193	733
München	82.318	85.434	3116	94
Stuttgart	24.225	25.734	1509	46
Breslau	45.103	46.522	1419	43
Frankfurt a. M.	56.862	62.737	5875	178
Hamburg	106.532	117.058	10.526	319
Königsberg	13.744	14.307	563	17
Leipzig	69.672	86.822	17.150	520
Münster	23.851	24.016	165	5
Gesamt:	714.352	778.868	64.516	1955

Quelle: Deutsches Rundfunkarchiv

jeweils 51 Prozent der Stimmanteile ihrer Gesellschaften. Im Februar 1926 übernahm die Post wiederum 51 Prozent der RRG-Geschäftsanteile. Damit hatte sich die Reichspost eine Monopolstellung gesichert und herrschte auch über alle einzelnen Programm- bzw. Rundfunkgesellschaften.

Die »Pionierzeit« des Radios war 1925 abgeschlossen. So zeigt eine Statistik der Zeitschrift »Der Deutsche Rundfunk« vom Mai 1925, wie rasant sich das drahtlose Medium inzwischen verbreitet hatte. Im April 1925 gab schon fast 800.000 zahlende Rundfunk-Teilnehmer. Nur wenige Monate später wurde die Millionengrenze überschritten.

Ab Juni 1926 wurde die Post gegenüber der Reichsrundfunkgesellschaft durch einen »Rundfunkkommissar« vertreten. Diesen Posten übernahm Bredow, der bis 1933 weitere bedeutende Grundsteine für Rundfunk und Fernsehen in Deutschland legte. Zu den Aufgaben Bredows gehörte es auch, für parteipolitische Neutralität der Programmgesellschaften zu sorgen. Mit der Machtergreifung der Nationalsozialisten am 30. Januar 1933 trat der Demokrat Bredow von seinem Amt zurück. Während der NS-Zeit war er 15 Monate lang inhaftiert. Nach dem Zweiten Weltkrieg wurde Bredow zunächst Regierungspräsident in Wiesbaden und anschließend Vorsitzender des Verwaltungsrates des Hessischen Rundfunks.

1933
Adolf Hitler wird Reichskanzler – Beginn des Nationalsozialismus.
1935
Nürnberger Rassegesetze
1938
»Anschluss« Österreichs an das Deutsche Reich am 12. März.
1938
»Reichskristallnacht"« – in der Nacht vom 9. zum 10. November werden im gesamten Reich jüdische Geschäfte verwüstet und Synagogen niedergebrannt.
1939
Beginn des Zweiten Weltkriegs
1940
Die Fernsehtechnik wird zur Luftaufklärung eingesetzt. Die Berliner Fernseh GmbH entwickelt dazu ein System mit 1029 Zeilen, was fast heutiger HDTV-Qualität entspricht.
1941
Konrad Zuse (1910 – 1995) baut mit dem »Z 3« den ersten funktionsfähigen Computer der Welt.
Am 7. Dezember greift Japan die amerikanische Flotte in Pearl Harbor an.
1943
Untergang der 6. Armee bei Stalingrad im Januar
Am 26. November wird der Berliner Fernsehsender bei einem Luftangriff zerstört.

Die Jahre von 1933 bis 1945

Trotz enormer technischer Fortschritte ist das Fernsehen in den 1930er Jahren im Unterschied zu Radio oder Film noch längst kein Massenmedium.

Von Anfang an sahen die NS-Machthaber in den Medien die entscheidenden Werkzeuge, um die Massen im Interesse der Diktatur zu beeinflussen. Die Schaffung eines »Reichsministeriums für Volksaufklärung und Propaganda« (RMVP), um die Medien gleichzuschalten, hat die damalige Medienlandschaft grundlegend verändert. Bereits am 30. Juni 1933 wurde der Rundfunk per Verordnung dem Propagandaministerium unterstellt. Jeder Sender erhielt eine Reichssendeleitung, die für die ideologische Ausrichtung sorgte. Für Berlin war NSDAP-Mitglied und Reichssendeleiter Eugen Hadamovsky (1904–1945) verantwortlich, der im Juli 1933 zum Direktor der Reichsrundfunkgesellschaft ernannt wurde und sich auch um die Zuständigkeit für das Fernsehen bemühte.

Im Februar 1934 begann die inzwischen ideologisch kontrollierte Reichsrundfunkgesellschaft mit verschiedenen Fernsehversuchen. Gemeinsam mit der Post sollten möglichst schnell die Voraussetzungen für ein umfassendes Versuchsprogramm geschaffen werden. Anlässlich der Funkausstellung im August 1934 kündigte Hadamovsky den baldigen Fernsehbetrieb an. Die Nationalsozialisten sahen »Deutschland in der Entwicklung des Fernsehens an erster Stelle«. In diesem Sinne versuchte Hadamovsky, schneller zu sein als die British Broadcasting Corporation. So arbeitete die Reichsrundfunkgesellschaft mit Hochdruck daran, »Bildtonprogramme« zu schaffen. Am 1. November 1934 engagierte die Reichspost die Schauspielerin Ursula Patzschke als erste Fernsehansagerin. Allerdings war »Fernsehansagerin« damals noch keine Berufsbezeichnung, und so wurde Patzschke offiziell als »Postfacharbeiterin« angestellt, ebenso Annemarie Beck, die 1935 hinzu kam.

Am 22. März 1935 begann der weltweit erste regelmäßige Programmdienst. Der Reichsrundfunksender

Witzleben sendete aus dem Berliner Funkhaus montags, mittwochs und samstags von 20.30 bis 22.00 Uhr das Programm des »ersten regulären Fernsehens der Welt«. Im Rahmen einer Feierstunde zum 75. Geburtstag von Paul Nipkow gab man dem Sender am 29. Mai 1935 zu Ehren des Erfinders den Namen »Fernsehsender Paul Nipkow«.

Ursula Patzschke und Annemarie Beck, die ersten beiden deutschen Fernsehansagerinnen.

In wessen Diensten das Fernsehen in Deutschland zu dieser Zeit zu stehen hatte, machte Hadamovsky deutlich, der den Betrieb des Berliner Senders mit den Worten eröffnete: »… in dieser Stunde wird der Rundfunk berufen, die größte und heiligste Mission zu erfüllen: nun das Bild des Führers unverlöschlich in alle deutsche Herzen zu pflanzen«. Tatsächlich war das damalige Fernsehen für die NS-Führung als Propagandamittel aus mehreren Gründen eher ungeeignet: Fernsehapparate waren eine Seltenheit und mit einem Preis von über 3000 Reichsmark für die meisten Deutschen unerschwinglich. Die Geräte waren mitunter so groß wie ganze Schränke, die Bildschirme klein und die Bildqualität schlecht.

Der Fernsehapparat Loewe FE A von 1933/34. Der »Volks-Fernseher« bot nur ein kleines Bild und wenig Zeilen.

1944
Am 6. Juni beginnt die Invasion in der Normandie.
Das Stauffenberg-Attentat auf Hitler vom 20. Juli scheitert.
1945
Das Konzentrationslager Auschwitz wird am 27. Januar befreit.
Kapitulation des Deutschen Reichs am 8. Mai, Atombombenabwürfe auf Hiroshima und Nagasaki am 6. und 9. August, Kapitulation Japans am 2. September.
Die Vereinten Nationen (UNO) werden am 26. Juni in San Francisco gegründet.

Aufwändige Propagandafilme wie etwa Leni Riefenstahls »Triumph des Willens« über den NS-Parteitag 1934 entfalteten auf Kinoleinwänden eine weitaus überzeugendere Wirkung als es das »erste Fernsehen der Welt« anhand der damaligen technischen Gegebenheiten vermochte. Bezeichnenderweise nahmen die wichtigsten NS-Größen an der Eröffnung des »Fernsehversuchsbetriebes für Berlin« im März 1935 nicht teil.

Gegen Ende 1935 gab es, von den wenigen Geräten in wohlhabenden Privathaushalten abgesehen, in Berlin ganze elf öffentliche Fernsehstuben, in denen jeweils bis zu 30 Zuschauer sitzen konnten. Eine weitere Fernsehstube existierte in Potsdam. Das Propagandaministerium selbst war am weiteren Ausbau dieser Stuben kaum interessiert. Man wollte dem wirkungsvolleren Kino keine Konkurrenz verschaffen.

Einer der wenigen, die das Potenzial des neuen Mediums richtig einschätzten, war Hadamovsky: »Die intensive Propaganda des gesprochenen Wortes kann schon morgen ergänzt werden durch die noch intensivere unwiderlegbare Propaganda des mit dem eigenen Auge geschauten. Darum ist Fernsehen kein Luxus, sondern eine politische Notwendigkeit«, verkündete er in den »Mitteilungen der Reichsrundfunkgesellschaft«.

Einer der frühen Höhepunkte der Fernsehgeschichte war ohne Zweifel die Übertragung der Olympischen Spiele in Berlin 1936. In diesem Jahr schaute die Welt

Fernsehstube in Potsdam, 1936.

Mit dieser gewaltigen Kamera wird 1936 die Olympiade in Berlin aufgezeichnet.

auf Deutschland und entsprechend wollte sich der nationalsozialistische Staat präsentieren. Dazu sollte auch überlegene Technik gehören.

Ehrgeizig verfolgten Hadamovsky und die Industrie die Vorbereitungen. Walter Bruch (1908–1990), der spätere Erfinder unserer heutigen PAL-Farbfernsehnorm, arbeitete seit 1935 bei Telefunken und entwickelte die erste deutsche Ikonoskop-Kamera, mit der aus dem Olympiastadion übertragen wurde. Mit Teleobjektiv hatte diese »Telefunken-Kanone« eine Länge von 2,20 Metern. Zusätzlich wurden Übertragungswagen eingesetzt, auf deren Dach eine Filmkamera montiert war. Im Wagen wurde das Filmmaterial entwickelt und von einem Abtaster in Fernsehsignale umgewandelt. Diese Technik erlaubte es, die Wettkämpfe mit einer Verzögerung von nur wenigen Minuten zu übertragen.

Vor den olympischen Spielen waren weitere Fernsehstuben eingerichtet worden, in die auf diese Weise beinahe live übertragen werden konnte. Zwar war die Bildqualität nach wie vor mäßig, doch das Publikum war begeistert, erstmalig echtes »Fern-Sehen« zu erleben. Der enorme Andrang auf die Fernsehstuben

Die Fernsehtechnik hat sich enorm verändert: Diese Kamera des Jahres 2000, eine Sony DVW-790WSP Digital Betacam, ist der alten Fernsehkanone von 1936 hinsichtlich Auflösungsvermögen, Farbqualität (die »Kanone« war eine Schwarzweiß-Kamera), Bilddynamik, Reaktionsgeschwindigkeit und Brennweite um Längen voraus.
Eine solche Schulterkamera, die Filme in Kinoqualität ermöglicht, erreicht auch heute leicht das Preisniveau einer Luxuslimousine. Die regelmäßig anfallenden Wartungskosten entsprechen denen eines Kleinwagens.

führte zu häufiger Überfüllung. Insgesamt wurden etwa 150.000 Zuschauer des damals populären »Fernsehsenders Paul Nipkow« verzeichnet.

Technik für Olympia
»Die Erfahrung der Olympiasendung hat uns zwei bis drei Jahre vorangebracht. Die durch die Ereignisse und die einmalige Gelegenheit dieser ersten großen öffentlichen Sportberichte gegebene Notwendigkeit, Unreifes oder Halbfertiges trotzdem einzusetzen, zwang uns, nicht nur Schritte, sondern Sprünge vorwärts zu machen. Olympia 1936 wurde so ein starker Antrieb für das deutsche Fernsehen der Vorkriegsjahre.«
(Walter Bruch, 1956)

Das Fernsehen wurde in den Folgejahren technisch immer weiter verbessert. Bei der »Großen Deutschen Funk-Ausstellung« in Berlin 1938 beanspruchte das Fernsehen bereits eine eigene Halle. Die Industrie sah einen Markt für Empfänger und arbeitete an serienreifen Geräten. Ein Jahr später stand schließlich mit dem »E1« der Firma Telefunken der erste Fernseh-Einheitsempfänger zur Verfügung. Die Bildqualität war inzwischen deutlich verbessert, der Preis mit 650 Reichsmark aber immer noch sehr hoch. Zunächst sollten 10.000 Exemplare gebaut und bis Ende 1939 im Raum Berlin ausgeliefert werden. Der beginnende Zweite Weltkrieg verhinderte jedoch die Serienproduktion des »E1«. Gerade einmal 50 Stück wurden produziert. Die Industrie sollte ihre Kapazitäten fortan für Kriegszwecke einsetzen.

Mit Kriegsbeginn wurde auch der Betrieb des Senders »Paul Nipkow« zeitweilig eingestellt. Er sollte als potentieller Störsender dienen. Doch bereits ab Oktober 1939 gab es wieder erste Filmsendungen und ab November 1939 folgte der reguläre Sendebetrieb. Die BBC hingegen hatte ihr Programm am 1. September 1939 komplett eingestellt. In Frankreich wurden die Versuchssendungen ebenfalls sofort beendet.

In Deutschland hingegen standen militärische Themen, Propagandafilme und ideologisch gefärbte Fernsehspiele auf dem Programmplan. Auch das Kinderfernsehen entstand Anfang der 1940er Jahre. Je länger der Krieg sich hinzog, desto stärker rückte allerdings die Truppenbetreuung in den Vordergrund. Schließlich galt das Fernsehen sogar als »kriegswichtig«, weshalb auch 1942, als im Rundfunkbereich Stellen gestrichen wurden, der Sendebetrieb weiterlief. 34 Lazarette waren im August 1942 mit Fernsehempfängern ausgestattet.

Der erste serienreife Fernsehapparat war der E1 von Telefunken, der 1939 vorgestellt wurde.

Beschränkt wurden indessen die öffentlichen Vorführungen, so dass die Berliner Öffentlichkeit seit Anfang 1943 komplett vom Fernsehprogramm ausgeschlossen war. Am 23. November 1943 trafen britische Bomben den Sender. Der Betrieb konnte über Telefonleitungen noch bis zum 21. Juni 1944 fortgesetzt werden. Der Untergang des Dritten Reiches war zu diesem Zeitpunkt bereits besiegelt. Am 2. Mai 1945 wurde das Berliner Funkhaus von der Roten Armee besetzt und wenige Tage später war der Zweite Weltkrieg in Europa beendet.

Militärische Zwecke

Dass Fernsehen und die damit verbundenen Übertragungstechniken bewegter Bilder nicht nur für zivile, sondern auch für militärische Zwecke einsetzbar sind, wurde in Deutschland früh erkannt. Mit Hochdruck und beachtlichen finanziellen Mitteln wurde an einer »sehenden« Bombe gearbeitet, ab Oktober 1942 begannen Versuche, Raketen mit hochauflösenden Fernsehköpfen zu bestücken, die der Fernaufklärung dienen sollten. Zudem sollten Karten per Fernsehen übertragen werden und Flugzeuge für den Nachteinsatz mit Kameras ausgestattet werden.

Walter Bruch betreute in diesem Zusammenhang die erste industrielle Fernsehübertragungsanlage der Welt in Peenemünde. Dort wurden Raketenstarts in den Kontrollbunker übertragen.

1946
Die USA und Großbritannien fassen ihre Besatzungszonen zur Bizone zusammen. Die Fusion tritt zum 1. Januar 1947 in Kraft.
Erstmals werden am 20. September die Filmfestspiele in Cannes eröffnet.
1947
Der US-amerikanische Marshall-Plan sieht vor, Europa Finanzhilfen zum Wiederaufbau zu gewähren.
Indien und Pakistan werden am 15. August unabhängige Staaten.
1948
Am 30. Januar wird Mahatma Gandhi in New Delhi von einem fanatischen Hindu erschossen.
Der Staat Israel wird am 14. Mai gegründet.
Mit der Währungsreform wird am 20. Juni in den Westzonen die D-Mark eingeführt. Die Sowjetunion reagiert am 24. Juni mit der Berlin-Blockade, die bis zum 12. Mai 1949 dauert.
1949
Am 4. April wird die NATO (North Atlantic Treaty Organisation) gegründet.
Am 23. Mai wird die Bundesrepublik Deutschland gegründet, die DDR folgt am 30. Mai 1950.

Sendepause in Deutschland

Nach dem Zusammenbruch des Dritten Reichs wurde der Rundfunk in seiner bestehenden Struktur aufgelöst. Die Siegermächte beschlagnahmten technische Einrichtungen, jegliche Funkaktivitäten waren zunächst verboten. Fernsehen gab es nicht und die Deutschen hatten Sendepause.

Während unmittelbar nach dem Krieg Papier knapp war, Tageszeitungen kaum mehr gedruckt werden konnten und an ein Fernsehen schon gar nicht zu denken war, spielte das Radio die Rolle des bedeutendsten Kommunikationsmittels. Nur einen Tag, nachdem in Hamburg der Reichsrundfunk sein Programm beendet hatte, ging am 4. Mai 1945 Radio Hamburg auf Sendung, die Stimme der britischen Militärregierung.

Ein funktionsfähiges Rundfunksystem aufzubauen war eines der dringendsten Anliegen der Alliierten. Es herrschte aber zunächst Uneinigkeit darüber, wie ein neues Rundfunk- und Fernsehwesen in Deutschland aussehen sollte. Gegen eine für ganz Deutschland einheitliche Programmgestaltung der vier Siegermächte hegten vor allem die Franzosen Vorbehalte.

Die Westmächte hatten einige fundamentale Probleme zu lösen. Sollten Rundfunkanstalten in die Verantwortlichkeit der Deutschen übergeben werden, mussten pluralistische Strukturen vorhanden sein. Weder der Staat noch Interessengruppen wie Parteien sollten den Rundfunk für sich vereinnahmen können. Der Rundfunk sollte in den West-Zonen als Instrument der Demokratisierung dienen. Daher mussten für die neuen Rundfunkanstalten entsprechende Rechtsformen geschaffen werden. Ferner galt es, das Problem der Finanzierung durch Rundfunkgebühren zu lösen.

Seit Kriegsende zog die Post zwar wieder Gebühren ein und beglich damit anfallende Kosten, leitete aber keinerlei Gelder an die Rundfunkanstalten weiter. Es mussten erst Verteilungsschlüssel geschaffen werden, um die Rundfunkanstalten an den Gebühren teilhaben zu lassen. Während die Post danach strebte, sich – wie zuvor in der Weimarer Zeit – einen grundlegenden

Einfluss auf das kommende Rundfunkgeschehen zu sichern, legte General Lucius D. Clay am 21. November 1947 fest, dass sich die Post nur noch in wenigen, allerdings wichtigen technischen Bereichen am Rundfunk beteiligen durfte. Der Post oblag es, Gebühren einziehen, die Kabel zur Verfügung zu stellen und die Rundfunkentstörung zu gewährleisten. An den eingenommenen Gebühren wurde die Post je nach Besatzungszone mit nur noch maximal 25 Prozent beteiligt. Die Sender wurden von der Post auf die Rundfunkanstalten übertragen. Damit hatte die Post ihren beherrschenden Einfluss im Rundfunkwesen verloren.

Aufgebaut wurde der neue Rundfunk nach unterschiedlichen Organisationsformen: In der britischen Zone sollte, dem Vorbild der BBC folgend, Radio Hamburg als zentrale Rundfunkanstalt für die ganze Besatzungszone auf Sendung gehen. Ohnehin war das Hamburger Funkhaus das einzig sendefähige in der britischen Besatzungszone. Ebenso zentralistisch ging es in der französischen Zone zu. Dort entstand der Sender in Baden-Baden. In der amerikanischen Besatzungszone hingegen wurden Radio Bremen, Radio Frankfurt, Radio Stuttgart und Radio München als dezentrale Rundfunkanstalten aufgebaut.

Bei der Entwicklung des deutschen Rundfunks hatten die Briten von Beginn an eine Vorreiterrolle eingenommen. Sie verfügten über umfangreiche technische Einrichtungen aus deutscher Produktion, die den Krieg unbeschadet überstanden hatten. Eine prägende Persönlichkeit der Rundfunkentwicklung im frühen Nachkriegsdeutschland war der englische Journalist Hugh Carleton Greene (1910–1987).

Am 22. September 1945 wurde Radio Hamburg in den Nordwestdeutschen Rundfunk (NWDR) umgewandelt. Ein Jahr später übernahm Greene den Posten des Chief-Controllers, den er bis 1948 innehatte. Greene verfolgte die Absicht, aus dem NWDR eine Anstalt des öffentlichen Rechts zu formen, unabhängig von kommerziellen und parteipolitischen Interessen.

Hugh Carleton Greene kam von der BBC, wo er den Deutschen Dienst geleitet hatte. Schon vor dem Zweiten Weltkrieg war er als Zeitungskorrespondent in München und Berlin tätig gewesen. Greene galt als tolerant und liberal, zudem war er den Deutschen gegenüber unvoreingenommen. Vor Anfang an waren für ihn überwiegend deutsche Mitarbeiter tätig – darunter auch Karl Eduard von Schnitzler.

Zu dieser Zeit entstanden in Deutschland auch auf politischer Ebene neue Strukturen. Noch in der zweiten Hälfte des Jahres 1946 wurden in der britischen Besatzungszone neben dem Stadtstaat Hamburg die Länder Schleswig-Holstein, Niedersachsen und Nordrhein-Westfalen geschaffen. Die britische Militärregierung ordnete die Bildung eines Zonenbeirats an, der sich aus Vertretern der Länderregierungen, Gewerkschaften, Parteien und Wirtschaftsverbände zusammensetzte. Dieser Beirat mit ausschließlich beratender Funktion trat erstmals am 6. März 1946 in Hamburg zusammen. Aus dem »kulturpolitischen Ausschuss des Zonenbeirats« wurde der Rundfunkbeirat bestellt, der mit Greene über die Verfassung des NWDR sowie über programm- und personalpolitische Fragen verhandelte. Ein 13-köpfiger Hauptausschuss sollte mit der alleinigen Aufgabe betreut werden, den Verwaltungsrat zu wählen. Dieser sollte den Generaldirektor bestimmen und dessen Geschäftsführung überwachen. So sah es Greenes Verfassungsentwurf vor.

Ein wichtiger Verhandlungsgegenstand war die personelle Zusammensetzung der Rundfunkorgane, insbesondere des Hauptausschusses. Sowohl die Landesregierungen als auch die im Zonenbeirat vertretenen Parteien versuchten, sich größtmöglichen Einfluss zu sichern. Schließlich einigte man sich: Der nunmehr 16-köpfige Hauptausschuss bestand aus Hamburgs Erstem Bürgermeister, den Regierungschefs der Länder Schleswig-Holstein, Niedersachsen und Nordrhein-Westfalen, dem Präsidenten des Zentral-Justizamtes, vier von den Kultusministerien zu ernennenden Vertretern des Erziehungswesens, jeweils einem Rundfunkbevollmächtigten der evangelischen und der katholischen Kirche sowie je einem Vertreter des DGB, der Industrie- und Handelskammern und des nordwestdeutschen Bühnenverbandes. Somit entscheiden nicht etwa überparteiliche »Köpfe«, wie es Greene vorschwebte, sondern vielmehr Vertreter politischer und gesellschaftlicher Interessengruppen, wobei die Parteien von Anfang an sehr einflussreich waren.

Am 6. Oktober 1947 übernahm der NWDR die Kontrolle über die Rundfunksender in der britischen Zone und wenige Monate später, am 1. Januar 1948, war es soweit: Der NWDR wurde durch die Verordnung 118 der britischen Militärregierung zur Anstalt des öffentlichen Rechts mit Hauptsitz in Hamburg. Hugh C. Greene, bisher Rundfunk-Chief-Controller des NWDR, amtierte als vorläufiger Generaldirektor. Am 15. November 1948 übergab er dem gewählten Nachfolger Adolf Grimme sein Amt. Damit lag der NWDR nunmehr vollständig in deutschen Händen.

Im Sinne der Alliierten sollten die deutschen Rundfunkgesetze die Unabhängigkeit des Rundfunks sichern. So wurden Staatsferne und Unabhängigkeit von Wirtschaftsinteressen als tragende Prinzipien in den ab 1948 in den Länderparlamenten verabschiedeten Rundfunkgesetzen festgelegt. Dass sich aber dennoch ein gewisser parteipolitischer Einfluss manifestiert, konnte nicht gänzlich verhindert werden.

Noch bevor 1949 die Bundesrepublik gegründet wurde, gab es den NWDR, Radio Bremen (RB), den Hessischen Rundfunk (HR), den Südwestfunk (SWF), den Süddeutschen Rundfunk (SDR) und den Bayrischen Rundfunk (BR) als jeweilige Landesrundfunkanstalten. Die Grundlagen für die Rundfunklandschaft der Bundesrepublik waren damit geschaffen. Ungeachtet aller demokratischer Aufbauarbeit behielten sich die Alliierten noch bis 1955 die Funkhoheit vor.

Adolf Grimme, am 31. Dezember 1889 in Goslar geboren, war nach seinem Studium der Philosophie und Germanistik zunächst Oberstudienrat in Hannover, anschließend Oberschulrat in Magdeburg und Ministerialrat im preußischen Kultusministerium. Von 1930 bis 1933 war er preußischer Kultusminister, 1942 wurde Grimme aufgrund seiner Verbindungen zur Widerstandsgruppe »Rote Kapelle« inhaftiert. Nach dem Krieg zunächst Volksbildungsminister im Land Hannover, wurde Grimme im Frühjahr 1947 niedersächsischer Kultusminister. Von 1948 bis zu seiner Pensionierung 1956 leitete er als Generaldirektor den NWDR. Grimme starb am 27. August 1963 in Degerndorf am Inn. Nach ihm ist der renommierte »Adolf-Grimme-Preis« für herausragende Fernsehproduktionen benannt, der seit 1964 verliehen wird.

Der Wiederanfang des Fernsehens

Die Entwicklung des Fernsehens wurde in Deutschland bereits ab August 1948 wieder aufgenommen. Die besten Voraussetzungen dafür bot der NWDR in Hamburg: hervorragende technische und personelle Rahmenbedingungen sowie ein Sendegebiet, das etwa die Hälfte der Bevölkerung in den drei westlichen Besatzungszonen umfasste. Seiner Größe verdankte der NWDR auch günstige finanzielle Voraussetzungen.

Im September 1948 tagten in Hamburg 33 Fernsehexperten der Post, der Industrie und des Senders, um sich innerhalb der westlichen Zonen auf eine länderübergreifende 625-Zeilen-Norm und einige andere technische Standards zu einigen. Federführender Gastgeber war der damalige technische Direktor des NWDR, Werner Nestel (1904–1974), der als Hochfrequenztechniker schon 1933 maßgeblich an der Entwicklung des »Volksempfängers« mitgewirkt hatte.

Europaweit bestanden 1948 unterschiedliche Fernsehnormen. Seit in England 1946 der Fernsehbetrieb wieder aufgenommen worden war, galt dort der Vorkriegsstandard von 404 Bildschirmzeilen. Frankreich wiederum legte sich 1948 auf einen neuen Standard von 819 Zeilen fest. Die Stimmen, die eine Vereinheitlichung forderten, wurden zunehmend lauter.

Auf einem Kongress in Mailand wurde im folgenden Jahr über die Frage der Zeilennorm diskutiert. Dass sich ganz Europa nur wenige Jahre nach dem Zweiten Weltkrieg ausgerechnet auf die deutsche Norm festlegen würde, war kaum zu erwarten. Nestel bat also die Schweizer Post um Unterstützung. Der Schweizer Walter Gerber, der das »Consultative Committee for International Radio« (CCIR) leitete, eine Sektion der Internationalen Fernmeldeunion, schlug auf der Genfer CCIR-Konferenz am 24. Juli 1950 die deutsche Norm vor, allerdings mit technischen Verbesserungen. Das Komitee einigte sich auf die 625-Zeilen-Norm, auch »Gerber-Norm« genannt, als richtungweisend für die Einführung des Fernsehens in Europa. Frankreich und Großbritannien übernahmen die 625-Zeilen-Norm allerdings erst mit dem Start des Farbfernsehens. Die »Gerber-Norm« ist noch heute aktueller Standard unseres Fernsehsystems.

Nur knapp zwei Wochen vor dieser entscheidenden Konferenz, genau am 12. Juli 1950, wurde aus Hamburg das erste deutsche Fernsehbild der Nachkriegszeit gesendet. Für die deutsche Öffentlichkeit war dieses Ereignis jedoch ohne Bedeutung. Das Land lag größtenteils noch immer in Trümmern und die Menschen waren mit anderen Themen beschäftigt als mit den Arbeiten einiger Fernsehpioniere. Dessen ungeachtet wurde die Entwicklung des neuen Mediums mit Hochdruck vorangetrieben. Es folgten regelmäßige Testsendungen des NWDR.

Zu den Meilensteinen der Fernsehgeschichte zählt auch die Gründung der »Arbeitsgemeinschaft der öffentlich-rechtlichen Rundfunkanstalten der Bundesrepublik Deutschland« (ARD) am 9. Juni 1950 in Bremen. Gegründet wurde die ARD von den Intendanten der damals noch sechs Rundfunkanstalten aus Hamburg (NWDR), Bremen (Radio Bremen), Frankfurt (Hessischer Rundfunk), Baden-Baden (Südwestfunk), Stuttgart (Süddeutscher Rundfunk) und München (Bayrischer Rundfunk).

Die satzungsgebende Sitzung der ARD folgte am 5. August 1950 in München. Dort wurde Rudolf von Scholtz (1890–1956), Intendant des Bayrischen Rundfunks, zum ersten ARD-Vorsitzenden gewählt. Gegründet wurde die Arbeitsgemeinschaft, um die Technik besser koordinieren zu können, Programme auszutauschen und gemeinsame Entwicklungen zu planen.

Da sich die ARD auch mit dem Fernsehen befasste, gründete sie im November 1950 eine »Fernsehkommission«. Ihr gehörten neben Werner Nestel der Justiziar des Südwestfunks, Carl Haensel, und der Intendant des Hessischen Rundfunks, Eberhard Beckmann, an. Es galt, die Fernsehinteressen der einzelnen Anstalten aufeinander abzustimmen und die Zusammenarbeit mit Post und Industrie zu koordinieren. Es mussten auf der einen Seite technische Anlagen entwickelt, erprobt und gebaut werden, andererseits bedurfte es entsprechender Fernsehapparate.

Schon Anfang Dezember 1950 wurden dem NWDR drei Fernsehkameras geliefert. Da man über keinerlei Erfahrungen mit derartigen Geräten verfügte, mussten sie zunächst unter Studiobedingungen getestet werden. Im Spätsommer 1951 stand dem NWDR ein erster Übertragungswagen zur Verfügung und am 1. Oktober konnte der NWDR-Sender in Berlin seinen Betrieb aufnehmen. Die Vorbereitungen für ein regelmäßiges Fernsehprogramm liefen auf Hochtouren.

Die erste Fernsehkamera des NWDR.

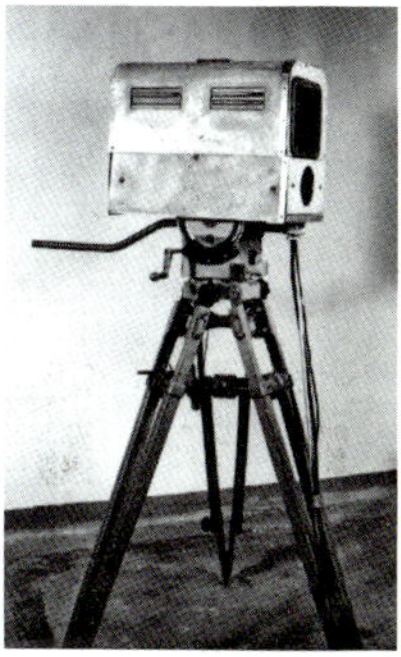

Das erste offizielle NWDR-Programm

Anders als in Europa existierte in den USA bereits Ende des Zweiten Weltkriegs ein funktionsfähiges Fernsehen mit entsprechendem Sendebetrieb. New York besaß 1945 drei Sendestationen, Chicago und Los Angeles jeweils zwei und je eine gab es in Philadelphia und Schenectady. Zwar zählte man erst 7000 Fernsehgeräte im ganzen Land, doch die Zahl der Neugeräte stieg rasant. Allein 1950 wurden jenseits des Atlantik sieben Millionen Fernsehapparate gebaut, und 1952 erreichte das Fernsehen in den USA bereits ein Publikum von 18 Millionen Zuschauern. Fernsehen war also zu jener Zeit eindeutig Ausdruck des »American way of life«. In Großbritannien, wo die BBC 1946 den Sendebetrieb wieder aufgenommen hatte, wurden 1952 immerhin 1,2 Millionen Fernsehzuschauer gezählt.

Nach jahrelangen Mühen, umfassenden Tests und zahlreichen Versuchssendungen begann eine geschichtsträchtige Sternstunde des deutschen Fernsehens am 25. Dezember 1952 genau um 20 Uhr: Das NWDR-Fernsehen hatte die Versuchssendungen beendet und startete an diesem ersten Weihnachtstag pünktlich die erste offizielle Sendung von genau einer Stunde und 58 Minuten Länge. Damit erhielt die junge Bundesrepublik Deutschland ihr erstes offizielles und fortan regelmäßiges Fernsehprogramm. Gesendet wurde aus einem alten Luftschutz-Hochbunker auf dem Heiligengeistfeld in Hamburg – und das täglich von 20 bis 22 Uhr. Am Anfang des Eröffnungsprogramms standen die Ansprachen des NWDR-Fernsehintendanten, Werner Pleister, und des technischen Direktors Werner Nestel. Es folgte das Fern-

Stille Nacht, heilige Nacht – Weihnachtslieder zum Programmstart des NWDR.

sehspiel »Stille Nacht, Heilige Nacht«. Nachdem dann Fernsehsender aus aller Welt zum deutschen Fernseh-Start grüßten, sorgte das Tanzspiel »Max und Moritz« für Erbauung. Hanns Farenburg führte dabei Regie.

Am zweiten Weihnachts- und Fernsehtag stand ab 20 Uhr erstmals die »Tagesschau« auf dem Programm. Dabei fehlte schon damals die Wetterkarte nicht. »Eine nette Bescherung«, serviert von Peter Frankenfeld, war als heitere Unterhaltungssendung ab 21 Uhr zu sehen. Ilse Werner, Cornelia Froboess, Helmuth Zacharias, das Musikensemble Friedel Hensch und die Cyprys sowie andere Größen, denen noch steile Karrieren bevorstehen sollten, wirkten mit.

Etwa 4000 bundesdeutsche Familien besaßen Weihnachten 1952 einen Fernsehapparat. Angesichts des stolzen Preises von deutlich über 1000 DM und damaliger Löhne waren die Geräte für »Otto Normalverbraucher« noch unerschwinglich.

Obwohl das Publikum zunächst noch klein war, erhoben sich bereits damals kritische Stimmen, die das Programm als zu anspruchslos empfanden oder vor einer »Dauerberieselung« warnten und das gesellschaftliche Leben gefährdet sahen. Die Zuschauer jedoch waren waren von Anfang an begeistert. Aber: Das Fernsehprogramm gab es bald nicht mehr umsonst. Schon ab dem 1. Januar 1953 hatten sich die Fernsehbesitzer bei der Post anzumelden. Für die »Fernsehrundfunk-

Das Fenster in die Welt

»Wir versprechen Ihnen, uns zu bemühen, das neue geheimnisvolle Fenster in Ihre Wohnung, das Fenster in die Welt, Ihren Fernsehempfänger, mit dem zu erfüllen, was sie interessiert, Sie erfreut und Ihr Leben schöner macht ... Wir sollten es dazu benutzen, das große Wunder des Lebens im Reichtum seiner Formen und Inhalte anzuschauen und zu erkennen.« *(Intendant Werner Pleister in seiner Eröffnungsrede zum offiziellen Programmstart des NWDR am 25. Dezember 1952)*

Der Hochbunker auf dem Heiligengeistfeld.

1952
Am 31. Oktober zünden die Amerikaner auf dem Eniwetok-Atoll die erste Wasserstoffbombe.
1953
Der Korea-Krieg beginnt am 25. Juni mit dem Angriff nordkoreanischer Truppen auf Süd-Korea und endet am 27. Juli 1953.
Der Volksaufstand in der DDR vom 17. Juni wird mit Hilfe der Roten Armee niedergeschlagen
1955
Deutschland wird am 6. Mai NATO-Mitglied.
Der Warschauer Pakt wird am 15. Mai gegründet.
Der millionste VW-Käfer rollt in Wolfsburg am 5. August vom Band.
1956
Vom 4. bis 11. November schlagen sowjetische Truppen den Volksaufstand in Ungarn nieder.

Genehmigung« waren monatlich 5 DM zu zahlen, die der Postbote am Monatsanfang kassierte.

Während sich in den USA das Fernsehen gegenüber dem Rundfunk sehr schnell durchsetzte, geschah dies in der Bundesrepublik Deutschland trotz einsetzendem Wirtschaftswunder eher zögerlich. 1953 gab es entgegen allen optimistischen Einschätzungen in der ganzen Bundesrepublik nicht mehr als 11000 zahlende Fernsehzuschauer. Zu den ersten gehörte Eduard Rhein, Chefredakteur der Zeitschrift »HÖR ZU«, die schon zum offiziellen Fernsehstart eine Programmübersicht abgedruckt hatte. Rhein hatte Berufserfahrung als technischer Fachredakteur und erklärte mit Begeisterung seinen Lesern, wie das Fernsehen funktioniert. Für ihn stand bereits kurz nach dem Krieg fest, dass sich das Fernsehen als Medium durchsetzen wird.

Wenn auch das Fernsehen 1953 in Deutschland und den übrigen europäischen Staaten noch weit davon entfernt war, ein Massenmedium zu sein, so wurde doch bald deutlich, dass eine neue Ära begonnen hatte – das Fernsehzeitalter. Die Einführung des neuen Mediums erfolgte in den einzelnen Ländern mit gewissen zeitlichen Verzögerungen: Die Schweiz startete 1951, Italien folgte 1952, Dänemark ein Jahr später, Schweden 1954 und Norwegen erst 1958.

Fernsehen in der DDR – der Start des Fernsehfunks

Auch im Osten bzw. in der sowjetischen Besatzungszone wurde nach dem Krieg an der Entwicklung des Fernsehens gearbeitet. Als erster Nachkriegsintendant des Berliner Rundfunks war Hans Mahle (1922–1999), der sich bereits in seiner Jugend in der kommunistischen Partei engagierte, Wegbereiter des Fernsehens in der DDR. Unter seiner Federführung erfolgte am 11. Juni 1950 in Berlin-Adlershof der erste Spatenstich zum Fernsehzentrum Berlin (FZ). Unter Ausschluss der Öffentlichkeit begannen im Dezember 1951 erste Sende- und Empfangsversuche.

Ihr »öffentliches Versuchsprogramm« startete die DDR erst kurz vor dem offiziellen Fernsehstart der Bundesrepublik: Ab dem 21. Dezember 1952 – Stalins 73. Geburtstag – wurde gesendet. Die Ansagerin und spätere Redakteurin Margit Schaumäker begrüßte ihre Zuschauer genau um 20 Uhr. Nach Grußworten der Fernsehintendanz folgte die »Aktuelle Kamera«, kurz AK. Herbert Köfer war damals Sprecher der ältesten Nachrichtensendung Deutschlands, die bis zum 14. Dezember 1990 ausgestrahlt wurden.

Gesendet wurde – wie auch im Westen – für zwei Stunden am Abend. Die Zahl der Zuschauer hielt sich dabei in Grenzen. Im Dezember 1952 waren etwa 72 Fernsehapparate empfangsbereit, und das nicht ohne Grund. Erste Fernseh-Rundfunkempfänger gab es in der DDR seit Mitte November 1952 zu kaufen. Die Anfangsmodelle kosteten 3500 DDR-Mark – purer Luxus.

1957
Am 25. März unterzeichnen die Staatsoberhäupter Frankreichs, Italiens, der Bundesrepublik Deutschland, Großbritanniens und der Benelux-Staaten die Verträge zur Gründung der Europäischen Wirtschaftsgemeinschaft (EWG).
Am 4. Oktober schießt die Sowjetunion mit Sputnik 1 den ersten künstlichen Erd-Satelliten ins All.
1959
Fidel Castro wird neuer Machthaber auf Kuba.

Fernsehen auf dem Vormarsch – Neuheiten, Stars und Publikumserfolge

Nachdem die technischen Probleme nicht mehr im Vordergrund standen, entwickelte sich das Fernsehprogramm der frühen 50er Jahre in rasantem Tempo. Anfangs wurde viel experimentiert und manches Neue verschwand ebenso schnell wieder, wie es gekommen war. Doch sehr viele auch heute noch populäre Sendungen haben eine Tradition, die bis in diese frühe Zeit zurückreicht.

So wurden schon am 4. Januar 1953 erstmals die bedeutendsten Meldungen der abendlichen »Tagesschau« zum »Wochenspiegel« zusammengefasst. Eine Tradition des deutschen Fernsehens war geboren: Der »Wochenspiegel« wird inzwischen seit über einem halben Jahrhundert ausgestrahlt. Im »Ersten« bietet der er Sonntag für Sonntag eine Zusammenfassung entscheidender politischer und kultureller Themen der Woche und natürlich auch aktuelle Beiträge.

Sowohl Sendungen, die »Kult« wurden, als auch künftige Fernsehstars begannen bereits damals das zahlenmäßig noch kleine Publikum zu begeistern.

Der NWDR hat den Neubeginn des Fernsehens in Deutschland nach dem Zweiten Weltkrieg entscheidend geprägt. Zunächst musste das Medium als solches erprobt werden, technisch ebenso wie inhaltlich. Hamburg bot dafür optimale Voraussetzungen. Mit Versuchssendungen, der Entwicklung neuer Formate und Programmstrukturen war das NWDR-Fernsehen bundesweit das Zentrum der weiteren Entwicklung. Es entstanden neue Organisations- und Programmstrukturen, die den Bedürfnissen der Zeit entsprachen.

Doch bereits Mitte der 50er Jahre näherte sich der NWDR seinem Ende. Rundfunkpolitisch schlugen die in seinem Sendegebiet vereinten Bundesländer jeweils eigene Wege ein.

Schon seit 1952 hatte sich der Berliner Senat bemüht, eine unabhängige Berliner Landesrundfunkanstalt ins Leben zu rufen. Insbesondere nach dem Volksaufstand in der DDR am 17. Juni 1953, über den in den Augen vieler Berliner nicht ausreichend berichtet wurde, wuchs das Interesse an einem eigenen Sender. Noch im selben Jahr trat das vom Berliner Abgeordnetenhaus beschlossene »Gesetz über die Errichtung einer Rundfunkanstalt Sender Freies Berlin (SFB)« in Kraft.

Der SFB wurde am 1. Juni 1954 gegründet und übernahm die Berliner Einrichtungen des NWDR sowie 264 Mitarbeiter des Berliner Funkhauses. Ab dem Gründungstag strahlte der SFB zunächst die beiden Hörfunkprogramme SFB 1 und SFB 2 aus. Am 14. September 1954 trat der Sender Freies Berlin der ARD bei.

Am 25. Mai 1954 hatte der nordrhein-westfälische Landtag das Gesetz zur Errichtung des »Westdeutschen Rundfunks Köln (WDR)« verabschiedet. Die verantwortlichen Politiker waren sich einig, dass der damalige NWDR den Interessen des Landes Nordrhein-Westfalen nicht gerecht wurde. »Die Öffentlichkeit hat sich sehr rasch davon überzeugt, dass man Nordrhein-Westfalen eine eigene Rundfunkanstalt nicht verweigern kann«, erklärte der CDU-Abgeordnete Bruno Six. Mit diesem Schritt war die Auflösung des NWDR besiegelt.

Spannungen zwischen dem CDU-dominierten und katholischen Nordrhein-Westfalen und dem SPD-orientierten protestantischen Norden hatten sich bereits 1950 abgezeichnet, als im August der nordrhein-westfälische Ministerpräsident erstmals öffentlich eine eigenständige Rundfunkanstalt forderte. Auch arbeitete insbesondere der NWDR-Intendant des Funkhauses Köln, Hanns Hartmann, daran, die Unabhängigkeit vorzubereiten. Das war nicht einfach, denn 1954 galt noch die britische Verordnung 118, die dem NWDR das Sendemonopol für Nordrhein-Westfalen, Niedersachsen, Hamburg und Schleswig-Holstein zusicherte.

Das Logo des NWDR-Fernsehens

Erst nachdem der britische Hohe Kommissar am 1. Februar 1955 diese Verordnung der britischen Militärregierung aufgehoben hatte, konnte das schon im Vorjahr verabschiedete »WDR-Gesetz« überhaupt in Kraft treten.

Am 16. März 1955 schließlich stimmte der nordrhein-westfälische Landtag dem »Staatsvertrag über die Liquidierung des Nordwestdeutschen Rundfunks und die Neuordnung des Rundfunks im bisherigen Sendegebiet des Nordwestdeutschen Rundfunks« zu.

Vom nordrhein-westfälischen Ministerpräsidenten Karl Arnold am 23. September 1955 bestätigt, war der Staatsvertrag endlich rechtskräftig. Als erster WDR-Intendant war bereits am 25. Mai 1955 Hanns Hartmann (1901–1972) gewählt worden. Die Satzung des WDR wurde von dessen Rundfunkrat am 27. Januar 1956 rückwirkend zum 1. Januar 1956 beschlossen. Damit war der WDR eine eigene Rundfunkanstalt geworden.

Auch die norddeutschen Länder einigten sich in den Jahren 1955/56. Der zwischen Niedersachen, Schleswig-Holstein und Hamburg geschlossene Staatsvertrag zur Gründung des Norddeutschen Rundfunks (NDR) trat am 16. Juni 1955 in Kraft. Als erster NDR-Intendant wurde am 7. November 1955 Walter Hilpert gewählt. Die Satzung des NDR wurde am 2. März 1956 ebenfalls rückwirkend zum 1. Januar 1956 angenommen. Damit war auch die Gründung des NDR abgeschlossen.

Zunächst wurde gemeinsam abgestimmt, dass die neuen Rundfunkanstalten den Hörfunk verantworteten, das Fernsehen hingegen sollte gemeinsam von einem Dachverband übernommen werden.

Zu dieser Zeit hielt WDR-Intendant Hartmann das Fernsehen für zu unbedeutend, als dass es eine eigenständige Aufgabe des WDR darstellen könnte. So wurde im Zuge der Auflösung des NWDR der »Nordwestdeutsche Rundfunkverband« NWRV gegründet, der neben einigen anderen Aufgaben das Fernsehen übernahm.

Am 31. März 1956 löste sich der NWDR endgültig auf und nur einen Tag später begann der NWRV mit seiner Arbeit. In der Folgezeit entwickelten WDR und NDR sich auch im Bereich des Fernsehens auf eine jeweils eigenständige Weise. Der auf fünf Jahre angelegte NWRV-Vertrag lief 1961 aus, ohne verlängert zu werden.

Die Programmgestaltung berücksichtigte seit je her auch Kinder. Die »Augsburger Puppenkiste« etwa startete ihre Fernsehkarriere Anfang 1953 beim NWDR mit der Ausstrahlung von »Peter und der Wolf« im Vorabendprogramm. Gesendet wurde live – eine passende Aufzeichnungstechnik stand noch nicht zur Verfügung. Hanns Farenburg, Regisseur und Fernsehspielleiter des NWDR, hatte die Marionetten von Walter Oehmichen, dem Schöpfer der »Augsburger Puppenkiste«, bei einem ihrer Auftritte entdeckt und sich schnell für die spaßigen Geschöpfe begeistert.

Berühmtheiten der Augsburger Puppenkiste: Jim Knopf und Lukas, der Lokomotivführer, mit dem Meerfräulein Sursulapitschi.

Die Puppen wechselten früh zum neu gegründeten Hessischen Rundfunk. In Zusammenarbeit mit dem HR sollten in den folgenden Jahrzehnten über 150 Produktionen folgen. »Jim Knopf« und »Urmel aus dem Eis« dürften heute viele Erwachsene noch aus ihrer Kindheit kennen. Die Kooperation dauerte bis 1994.

Eine völlig andere Programmneuheit des Jahres 1953 beeindruckte vor allem die weiblichen Zuschauer der anbrechenden »Wirtschaftswunder«-Epoche. Ab dem 20. Februar 1953 hielt der Schauspieler und begeisterte Hobbykoch Carl Clemens Hahn als Fernsehkoch Clemens Wilmenrod mit seiner Sendung »Bitte in zehn Minuten zu Tisch« die damaligen Hausfrauen mit raffinierten Küchentipps auf dem Laufenden. Schnell erfreute sich Wilmenrod enormer Popularität.

Was der überaus charmante »Don Clemente«, so sein Spitzname, in den 50er Jahren vor der Kamera zubereitete, wurde bundesweit nachgekocht. Wilmenrod gilt nicht nur als Schöpfer des »Hawai-Toasts« oder des »arabischen Reiterfleischs«, ihm ist es zu verdanken, dass die Pute zu einem deutschen Weihnachtsbraten wurde und ohne Wilmenrod wäre der Rumtopf in Süd- und Westdeutschland nicht populär geworden.

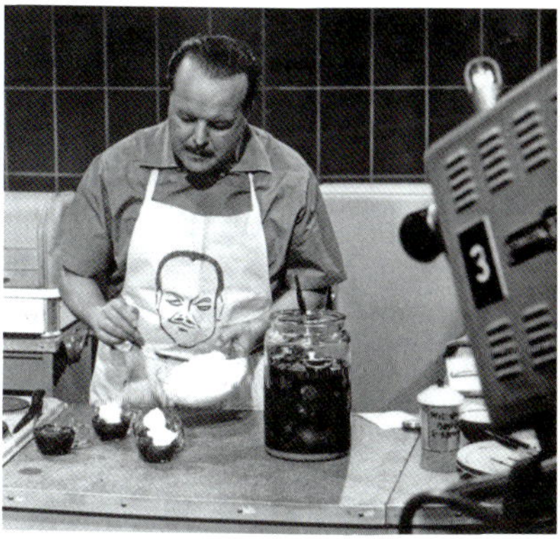

Clemens Wilmenrod in seiner Sendung »Bitte in zehn Minuten zu Tisch«, 1955.

Ratgebersendungen gehörten von Anfang zum festen Bestandteil des Programms. Ob »Schlank und elastisch mit Gymnastik«, Tanz- und Zeichenkurse oder Unterricht im Judokampfsport und Billardspiel: Es wurde erprobt, was wohl den Zuschauer überzeugen könnte.

Auch Tiersendungen standen hoch im Kurs, woran sich bis heute nichts geändert hat. So überzeugte »Von der Kreuzotter bis zur Boa constrictor« die Kritiker schon 1952. Der Verhaltensforscher Konrad Lorenz war zu Gast im Studio und Bernhard Grzimek (1909–1987), Direktor des Frankfurter Zoos, begann seine Karriere als Tierfilmer: 1953 startete der NWDR die Sendereihe »Im Fernseh-Zoo«, und dort war Grzimek erstmalig zu sehen – mit einem zahmen Geparden.

Viele andere große TV-Karrieren nahmen ebenfalls in dieser Zeit ihren Anfang: Der Entertainer Peter Frankenfeld (1913–1979) begann seine Fernsehlaufbahn am 29. August 1953 mit der Reihe »Wer will, der kann«. Einen Tag später folgte Werner Höfer (1913–1997) mit dem zum »Kult« gewordenen »Internationalen Frühschoppen«, bei dem »sechs Journalisten aus fünf Ländern« Sonntag für Sonntag bei einem Glas Wein brandaktuelle politische Themen diskutierten. Höfers »Frühschoppen« – ausgestrahlt bis Ende 1987 – war nicht nur eine der traditionsreichsten deutschen Fernsehsendungen, er war ein Markenzeichen der ARD.

Diese historische Arriflex des NDR wurde in den frühen 50er Jahren für Dokumentationen eingesetzt.

Das Kölner Millowitsch-Theater startete seine Fernsehpremiere am 27. Oktober 1953. Zu sehen war Willy Millowitsch damals in dem Schwank »Der Etappenhase« von Karl Bunjes. Nur wenig

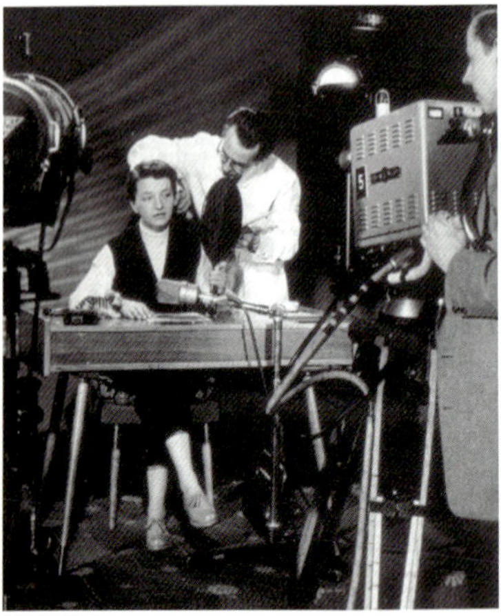

NWDR-Ansagerin Irene Koss bei der Arbeit.

später ging Hans-Joachim Kulenkampff (1921–1998) erstmals mit dem Quiz »Wer gegen wen?« auf Sendung. Zu den frühen Publikumslieblingen gehörte auch die erste Programmansagerin Irene Koss. Die Schauspielerin hatte ihre erste Ansage bereits im September 1952 und führte auch am 25. Dezember 1952 – zum offiziellen NWDR-Programmstart – durch das Programm, das neben verschiedenen Magazinen, Ratgeber- und Kindersendungen natürlich auch schon Krimis umfasste, bei denen die Zuschauer den Täter erraten konnten. Doch nicht nur in die Programmgestaltung wurde investiert, auch die Technik erfuhr kontinuierlich Verbesserung.

So stand bereits Ende 1952 die Übertragungsstrecke von Hamburg nach West-Berlin zur Verfügung, am 1. Januar des folgenden Jahres kam Hamburg-Köln hinzu, so dass ab 1953 die NWDR-Studios in Hamburg, Berlin und Köln ein gemeinschaftliches Programm ausstrahlen konnten. Täglich wurde aus der Hamburger Sendezentrale und den Studios Köln-Langenfeld und Berlin-Tempelhof übertragen. Allen NWDR-Sen-

Der erste »Internationale Frühschoppen« vom 30. August 1953.

dern stand somit das Hauptprogramm zur Verfügung. Zudem war es möglich, eigene Beiträge zu liefern.

Seit den Kindertagen des Fernsehens bilden Live-Übertragungen einen besonderen Programmschwerpunkt. Das größte Fernsehereignis des Jahres 1953 war die Krönung der britischen Königin Elizabeth II. in Westminster Abbey, die live in Großbritannien, den Niederlanden, Frankreich und in der Bundesrepublik ausgestrahlt wurde. Etwa 20 Millionen Zuschauer erlebten zwischen 10:15 und 17:15 Uhr das historische Spektakel am Bildschirm. Viele Bundesbürger machten dabei erstmals die verblüffende Erfahrung, tatsächlich mittels eines Gerätes im Wortsinn fern-zu-sehen. Es war wie ein Blick in eine Märchenwelt. Wer noch keinen eigenen Fernseher hatte, stand vor Schaufenstern oder traf sich zum gemeinsamen Fernseherlebnis in Gaststätten, die bereits über einen Apparat verfügten. Fernsehgeräte waren 1953 mit Preisen zwischen etwa 800 und 4000 DM, je nach Modell und Ausstattung, noch immer außerordentlich teuer. Die meisten Bundesbürger verdienten nicht mehr als etwa 400 DM im Monat. Viele wünschten sich einen Fernseher, hätten für den Kauf aber entweder einen Kredit aufnehmen oder Ratenzahlung vereinbaren müssen, das schreckte ab.

Zu den erfolgreichsten Livesendungen gehörten die beliebten Fußballübertragungen, inzwischen längst fester Bestandteil des Fernsehprogramms. Man traf sich anlässlich wichtiger Spiele regelmäßig in Gaststätten und genoß das Fernsehen als Gemeinschaftserlebnis, sehr zur Freude der Wirte übrigens, die entgegen früherer Befürchtungen einen gesteigerten Bierumsatz verzeichnen konnten.

Die Begeisterung der Fernsehzuschauer für Livesendungen machte es schließlich erforderlich, die Sendezeiten auszuweiten. Wenn die Übertragung zeitgleich erfolgen sollte, hätte eine maximale tägliche Sendezeit von zwei Stunden bzw. von 20 Uhr bis 22 Uhr, wie sie etwa dem Programmdirektor Werner Pleister vorschwebte, eine erhebliche Einschränkung bedeutet.

Typisch für Fernsehgeräte der 50er Jahre war die würfelförmige Bauweise. Dieser »Staßfurt Marion 43TS501A-Standard-Fernsehempfänger« hat noch eine Glasscheibe vor der Bildröhre. Sie sollte im Falle einer Implosion Schutz bieten. Später diente die Scheibe eher dem Design.

Der Programmbedarf war aufgrund des gewachsenen Zuschauerinteresses größer.

Als am 28. Juni 1953 erstmals auch eine katholische Messe im Fernsehen live übertragen wurde, führte dieses Ereignis zu einer intensiven Diskussion innerhalb der Kirche. Es ging um die grundsätzliche Frage, ob Gottesdienste überhaupt ausgestrahlt werden sollten. Nur knapp zwei Monate später, am 12. August, wurde der Eröffnungsgottesdienst des Deutschen Evangelischen Kirchentages übertragen. Ein weiteres Übertragungs-Novum folgte am 6. Oktober: Die erste Bundestagssitzung, die live im Fernsehen mitverfolgt werden konnte, war die Eröffnungssitzung der zweiten Legislaturperiode. Hans Wendt kommentierte die Debatte und führte ein Interview mit Konrad Adenauer, der als Kanzler wiedergewählt wurde.

Eine deutliche Verbesserung für den Studiobetrieb nahm ebenfalls im Oktober 1953 ihren Anfang. Der NWDR hatte seine neuen Sendestudios im Hamburger Stadtteil Lokstedt eingeweiht. Damit wurden in Europa erstmals Studios in Betrieb genommen, die einzig und allein für das Fernsehen und dessen besonderen Bedarf gebaut worden waren. Etwa ein halbes Jahr später wurde erstmalig ein Stück des bekannten Hamburger Ohnsorg-Theaters ausgestrahlt. In der Komödie »Seine Majestät Gustav Krause« war Heidi Kabel in einer der Hauptrollen zu sehen.

Im Sinne der Programmvielfalt sollte das Fernsehen bald auch Einblicke in unbekannte und ferne Regionen der Erde ermöglichen. Bis dahin hattte es noch keine Reportage aus einem Land außerhalb Europas gegeben. Das sollte sich mit dem 31. März 1954 ändern. Eine Fernsehexpedition führte erstmals nach Afrika. »Musuri – es geht aufwärts am Kongo« hieß die erste große Dokumentation des NWDR von Hans-Joachim

Reiche, Peter Coulmas und Carsten Diercks, der die Kamera führte.

Eine kirchliche Sendung, die hierzulande jedem Fernsehzuschauer bekannt sein dürfte, feierte wenig später ihr Debüt mit einer Panne. Das »Wort zum Sonntag« sollte schon am 1. Mai 1954 seinen Einstand geben. Ein Kabelbruch verhinderte, dass Prälat Klaus Mund aus Aachen live zum Fernsehpublikum sprechen konnte. So startete die zum Klassiker gewordene Sendung eine Woche später mit dem evangelischen Pastor Walter Dittmann. Annähernd 12000 Fernsehgeräte waren damals angemeldet, knapp 3600 davon im Sendegebiet des Hessischen Rundfunks (HR) und des Südwestfunks (SWF). Heute zählt das »Wort zum Sonntag« durchschnittlich mehr als zwei Millionen Zuschauer pro Sendung und ist eine der quotenstärksten kirchlichen Sendungen der deutschen Fernsehlandschaft.

In den 50er Jahren war das öffentliche Fernsehen in Gaststätten nicht unüblich, schließlich waren damals die Geräte noch rar und teuer.

Für einen größeren Zuschauerkreis, der weit über Staatsgrenzen hinausreicht, sorgte ab 1954 der internationale Programmaustausch, den die »Union der Europäischen Rundfunkorganisationen« (UER) ins Leben rief. Die englische und geläufigere Bezeichnung ist »European Broadcasting Union« (EBU). Auftakt dieses Austauschs und Start der Eurovision war die Schweizer Übertragung des Narzissenfestes in Montreux am 6. Juni 1954, das die ersten europäischen Fernsehwochen einleitete. EBU-Mitglieder waren damals England, Frankreich, Belgien, die Niederlande, Dänemark, Italien, die Schweiz und die Bundesrepublik.

Die Fernsehwochen der Eurovision endeten am 4. Juli 1954 mit einem Stück Fußballgeschichte, dass live aus der Schweiz übertragen wurde: »Das Wunder von Bern«. Im Endspiel der Weltmeisterschaft standen sich Ungarn und die noch junge Bundesrepublik gegenüber. Nach einem 0:2-Rückstand hatte Sepp Herbergers Mannschaft das Spiel mit einem unerwarteten und für die Deutschen spannenden 3:2-Sieg für sich entscheiden können. Unvergessen die Worte Herbert Zimmermanns, der das Spiel kommentierte: »Aus, aus, aus, Deutschland ist Weltmeister!«

Neun Jahre nach dem Zusammenbruch des Hitler-Reiches symbolisierte dieser Sieg für viele Deutsche den erfolgreichen Kurs der jungen Bundesrepublik und die europäische Integration. Vor allem nahmen viele Bundesbürger dieses Ereignis zum Anlass, einen eigenen Fernseher zu kaufen. Der Juli 1954 sorgte mit einer Steigerung von deutlich über 20 Prozent für den größten Zuwachs an Fernsehzuschauern im ganzen Jahr.

Eurovision
Gegründet wurde das Gemeinschaftsprogramm Eurovision 1954 in Genf. ARD und ZDF gehören diesem Verbund als deutsche Partner an. Österreich ist durch den ORF (Österreichischer Rundfunk) vertreten und die Schweiz mit der Schweizerischen Radio- und Fernsehgesellschaft »SRG SSR idée suisse«. Sendungen im Rahmen der Eurovision werden mit dem Eurovisionslogo und der Erkennungsmelodie, »Te Deum« von Marc-Antoine Charpentier, eingeleitet. Zu den bekanntesten Eurovisionssendungen des deutschsprachigen Raums zählen – vom »Grand Prix Eurovision de la Chanson« abgesehen – »Spiel ohne Grenzen« in den 60er und 70er Jahren ebenso wie der päpstliche Ostersegen »Urbi et Orbi« oder Sportereignisse. Auch Eduard Zimmermanns »Aktenzeichen XY... ungelöst« (ZDF) wurde bis 2003 im Rahmen der Eurovision übertragen. »Verstehen Sie Spaß?« (ARD) gehört ebenso zu den Eurovisionssendungen wie der »Musikantenstadl« – eine Gemeinschaftsproduktion von ORF, ARD und dem Schweizer Fernsehen (SF).

Weniger spektakulär, aber ebenfalls eine Premiere war die Live-Übertragung der Wiederwahl von Bundespräsident Theodor Heuss (FDP) am 17. Juli 1954 mit überragenden 85,6 Prozent der Stimmen. Seither hat nie wieder ein Kandidat eine derartig hohe Zustimmung erfahren.

Eine völlig andere Erfolgsgeschichte begann knapp zwei Monate später, am 15. September 1954: Die NWDR-Produktion »Unsere Nachbarn heute Abend: Familie Schölermann« von Alexandra und Rolf Becker war die erste Familienserie im deutschen Fernsehen überhaupt. Von 1954 bis 1960 produziert, brachte es die Serie auf stattliche 111 Folgen. Die Reihe war ein Publikumsliebling mit Einschaltquoten von bis zu 90 Prozent. Sie porträtierte realitätsnah eine Familie, die das Wirtschaftswunder mit den verschiedensten Sorgen und Nöten, aber auch mit Freuden und Höhepunkten wie Familienferien oder ersten Verliebtheiten erlebte. Heutige »Soaps« finden hier ihr Vorbild.

Am 1. November 1954 begann die ARD mit ihrem offiziellen Gemeinschaftsprogramm, dem (Ersten) »Deutschen Fernsehen«. Innerhalb weniger Wochen beteiligten sich erstmalig der Süddeutsche Rundfunk (SDR), der Bayrische Rundfunk (BR) und der Südwestfunk (SWF).

Die Reihe erfolgreicher Serienstarts setzte sich fort. Am 2. Januar 1955 feierte ein Ratespiel sein Debüt, das in den folgenden Jahrzehnten Millionen von Fernsehzuschauern an den Bildschirm fesselte. Vom Bayrischen Rundfunk produziert, ließ Robert Lembke (1913–1989) in seiner Sendung »Was bin ich?« die verschiedensten Berufe erraten. Bis Ende 1989 wurden 336 weitere Folgen ausgestrahlt. Gemessen an heutigen Millionen-Shows war »Was bin ich?« geradezu Ausdruck echter Bescheidenheit. Maximal waren für jeden Gast 50 Mark zu gewinnen, die als 5-DM-Stücke im »Schweinderl« – einem Sparschwein – landeten, wenn einer der Ratenden sich zu Gunsten des Gastes irrte und dessen Frage verneint werden konnte. Auch ohne großen Geldaufwand wurde Spannung erzeugt,

»Da lacht der Bär« war in der DDR 1953 zunächst die Live-Übertragung einer Unterhaltungsveranstaltung im Radio. Die Show mit Komik, Musik und prominenten Stars war überaus populär. Erstmals wurde die 25. Sendung als Jubiläumsausgabe auch im Fernsehen gezeigt. Es war die erste erfolgreiche Unterhaltungssendung des Deutschen Fernsehfunks.

da die Zuschauer mitverfolgen konnten, wie sich das Rateteam dem zu erratenden Beruf annährte, indem die Ratenden nur Fragen stellen durften, die mit »ja« oder »nein« zu beantworten waren.

Gut einen Monat nach Robert Lembkes erster Sendung feierte das Fernsehen in Deutschland ein ganz besonderes Jubiläum. Die Bundespost konnte am 4. Februar 1955 den 100 000. Fernsehteilnehmer registrieren. Kaum zwei Wochen später wurde zur Freude der Karnevalisten erstmalig »Mainz, wie es singt und lacht«, eine Gemeinschaftssitzung mit dem Mainzer Carneval Verein (MCV) und dem Mainzer Carneval Club (MCC), vom Südwestfunk übertragen. Zehn Jahre später mischte sich das ZDF unter die Narren und starte die Konkurrenzsendung »Mainz bleibt Mainz«. 1973 einigte man sich schließlich auf eine gemeinsame Sendung. »Mainz bleibt Mainz, wie es singt und lacht« wird abwechselnd vom ZDF und dem Südwestrundfunk (SWR) übertragen. Mit dabei sind auch der Karneval-Club Kastel (KCK) und Gonsenheimer Carneval Verein (GCV). Die Sendung hat schon längst Kultstatus und ist mit etwa acht Millionen Zuschauern die erfolgreichste Karnevalssendung im Deutschen Fernsehen.

Unterhaltung und Shows genossen zunächst Priorität, Reportagen waren rar. Doch schon bald konnte das Fernsehen den regelmäßigen Blick in ferne Länder ermöglichen. So wurde am 26. August 1955 erstmalig auch über die aktuelle Situation in Fernost berichtet. Max H. Rehbein war für den NWDR in Indochina, Taiwan, Hong Kong und Indien unterwegs. Als erster festangestellter Auslandskorrespondent des deutschen Fernsehens ging Peter von Zahn (1913–2001) in die USA, um aus Washington »Bilder aus der Neuen Welt« zu zeigen. Die monatliche Sendung begann am 3. Oktober 1955 und stieß beim Publikum auf große Resonanz. Bis 1960 wurden 50 Folgen gesendet.

Nicht die USA, sondern die damalige UdSSR stand ebenfalls 1955 im Mittelpunkt des Fernsehgeschehens. Bundeskanzler Konrad Adenauer war vom 9. bis 13.

September in Moskau gewesen und hatte dort über die Freilassung der letzten 10000 deutschen Kriegsgefangenen verhandelt. Die Verhandlungsbedingungen waren schwierig, Adenauer aber erfolgreich. Die Tagesschau berichtete täglich von den Gesprächen in Moskau. Zurück in Deutschland, wurde der Kanzler auf dem Flughafen Köln-Wahn voller Jubel begrüßt. Die Sowjetunion hielt Wort und ließ die Kriegsgefangenen frei. Nur wenige Tage, nachdem die ersten »Bilder aus den Neuen Welt« über die Mattscheiben geflimmert waren, berichtete der NWDR ausführlich über die Ankunft der ersten aus der Sowjetunion heimkehrenden Kriegsgefangenen im Lager Friedland. Diese Rückkehr war das bewegendste Ereignis der Nachkriegsgeschichte und wurde von über einer Million Zuschauern am Bildschirm verfolgt. Für viele Menschen waren diese Bilder der Höhepunkt des bisherigen Fernsehprogramms.

Im Grenzdurchgangslager Friedland begrüßt der damalige Bundespräsident Theodor Heuss am 18. September 1955 aus der UdSSR heimgekehrte ehemalige Soldaten und Zivilgefangene.

Über ein weiteres Stück deutscher Nachkriegsgeschichte berichtete der Südwestfunk in einer Sondersendung am 24. Oktober 1955. Am Tag zuvor war per Volksabstimmung an der Saar der Weg für die Rückkehr des Saarlandes in die Bundesrepublik frei gemacht worden. Aufgrund dieser Abstimmung vereinbarten Frankreich und die Bundesrepublik im Herbst 1956 die Rückeingliederung ab dem 1. Januar 1957.

Ab Ende 1955 arbeiteten die Rundfunkanstalten der ARD daran, das Netz ihrer Auslandskorrespondenten dichter zu knüpfen. Es wurden Listen mit Korrespondenten ausgetauscht, die darüber informierten, wer von wo berichtete. So war beispielsweise Georg Stefan Troller bereits seit 1949 in Paris für verschiedene deutsche und österreichische Radio- und Fernsehsender tätig. Fernsehjournalist Peter Pechel berichtete aus London, während Hans Walter Berg schon seit 1952 für die ARD und verschiedene Tageszeitungen in Asien unterwegs war. In Neu-Delhi und Hong Kong leitete er das jeweilige ARD-Fernsehstudio.

Hans Walter Berg
1916 im friesländischen Varel geboren, studierte Berg in München Geschichte, Kunst- und Literaturgeschichte. Noch vor Abschluss seiner Promotion 1939 legte er an der University of Michigan 1938 das Master-of-Arts-Examen in »Far Eastern History« ab. Der Ferne Osten sollte Bergs Leben grundlegend prägen. Seit 1952 in Asien unterwegs, hatte Berg bis zu seiner Pensionierung im Jahre 1981 in 72 Ausgaben seiner Fernsehsendung »Gesichter Asiens« berichtet. Dazu kamen 250 Beiträge für den »Weltspiegel«, nicht weniger an Sondersendungen sowie über 2000 Kommentare für den Hörfunk. Für seine herausragende Leistung im Sinne der Völkerverständigung erhielt Berg 1979 das Bundesverdienstkreuz Erster Klasse. Berg gilt als »Fernsehpionier, der«, so NDR-Intendant Jobst Plog, »die Menschen in Deutschland zum ersten Mal mit Asien vertraut gemacht und ihr Bild von Fernost nachhaltig geprägt hat«. Hans Walter Berg starb am 7. November 2003.

Berichtet wurde damals selbstverständlich auch aus dem europäischen Ausland. Zu den wichtigen frühen Großereignissen, die im Rahmen der Eurovision ausgestrahlt wurden, zählten die Olympischen Winterspiele von 1956 in Cortina d'Ampezzo (Italien) und der erste »European Song Contest« oder auch »Grand Prix Eurovision de la Chanson« aus dem Schweizer Städtchen Lugano. Der Wettbewerb wurde geschaffen, um das Fernsehen attraktiver zu gestalten und dadurch mehr Zuschauer zu gewinnen. Belgien, Frankreich, Italien, Luxemburg, die Niederlande, die Schweiz und die Bundesrepublik Deutschland schickten am 24. Mai 1956 ihre Interpreten an den Start. Dänemark, Großbritannien und Österreich hatten die Anmeldefristen versäumt und durften darum nicht teilnehmen.

Für Deutschland sangen Freddy Quinn »So geht das jede Nacht« und Walter Andreas Schwarz »Im Wartesaal zum großen Glück«. Den Wettbewerb gewann die junge Schweizerin Lys Assia mit ihrem Stück »Refrain«.

Gewinnchancen ganz anderer Art gab es im deutschen Fernsehen bereits seit dem 28. April 1956. Unter dem Titel »Die große Chance Nr. 100.000« ging die ARD-Fernsehlotterie an den Start – »zugunsten der ärmsten Kinder Berlins«. Die weltweit älteste und traditionsreichste Fernsehlotterie war bereits mit der ersten Sendung ein Erfolg, der alle Erwartungen übertraf. Zu dieser Zeit waren in der Bundesrepublik ganze 393000 Fernsehapparate angemeldet, dennoch konnten sofort mehr als 800.000 Euro eingespielt werden. Weit mehr als 55000 Berliner Kinder bekamen damit die Möglichkeit, eine Erholungsreise gen Westdeutschland anzutreten. Für die meisten der Kinder waren das die ersten echten Ferien überhaupt.

Der eigentliche Anlass für die Lotterie lag damals schon einige Zeit zurück. Während der sowjetischen Berlin-Blockade 1948 gründete der Deutsche Städtetag das Hilfswerk Berlin. Ziel war es unter anderem, Berliner Kindern eine Ferienreise aus der eingeschlossenen Stadt nach Westdeutschland zu ermöglichen, also einen »Platz an der Sonne«. Per »Rosinenbomber« ging es gen Westen, wo Gastfamilien oder Feriendörfer die kleinen Gäste aus der zerstörten Stadt aufnahmen.

Organisator der Hilfsaktion und Gründungsvater der Fernsehlotterie war der damalige Pressereferent des Hilfswerks Berlin, Jochen Richert, der die Möglichkeiten des Fernsehens sofort erkannt hatte. Rasch wurde er als Ziehungsleiter der Fernsehlotterie bekannt.

Von ihm stammt auch der berühmte Slogan »Mit fünf Mark sind Sie dabei!«. Während die erste Redaktion der Fern-

Das Werbeplakat zur ersten öffentlichen Fernsehlotterie am 28. April 1956.

sehlotterie noch in einem Zirkuswagen untergebracht war, den der Zirkus Hagenbeck gespendet hatte, konnte die ARD-Fernsehlotterie bis zu ihrem 50-jährigen Jubiläum mehr als eine Milliarde Euro einnehmen und für karitative Zwecke einsetzen. Ob Kinder oder ältere Menschen, sozial benachteiligte oder Behinderte: Über 4000 soziale Einrichtungen wurden seit 1956 durch die Fernsehlotterie unterstützt.

Der Mann, der Filme kaufte
1956 reiste der damals 29-jährige Leo Kirch nach Italien, um dort den Film »La Strada« von Federico Fellini zu kaufen. Schon früh hatte Kirch erkannt, welche Bedeutung das Medium Fernsehen gewinnen würde. So begann Kirchs beispiellose Karriere als Händler von Filmrechten in Italien. Später kaufte Kirch in Hollywood Filmrechte zunächst nur für die ARD, später auch für das ZDF. Weil weder ARD noch ZDF selbst über entsprechende Kontakte in Amerika verfügten, baute sich Kirch über Jahrzehnte eine unangefochtene Monopolstellung auf. Fern öffentlicher Aufmerksamkeit schuf Kirch Europas größtes Filmarchiv und zugleich die Grundlage seines späteren Medienimperiums. Zum Verhängnis wurde ihm an Ende sein Engagement im Pay-TV, das sich in Deutschland nur sehr schleppend entwickelte. KirchMedia musste 2002 Insolvenz anmelden.

Zwei weitere Neuerungen des Jahres 1956 zählen heute zu den Selbstverständlichkeiten: Die »Tagesschau«, bis dahin nur dreimal wöchentlich ausgestrahlt, zeigte sich in ihrer Anfangszeit alles andere als aktuell, oft waren die gesendeten Beiträge schon Tage alt. Vorbild für die Nachrichtensendung war die »Wochenschau« im Kino. Erst mit dem Ausbau des Korrespondentennetzes und mit der Verbesserung der technischen Möglichkeiten gewann die »Tagessschau« an Aktualität. Ab dem 1. Oktober 1956 wurde die Nachrichtensendung an jedem Werktag ausgestrahlt. Die Sonntagsausgabe gibt es seit September 1961. Mit durchschnittlich zwischen sechs und sieben Millionen Zuschauern ist die 20:00-Uhr-Ausgabe der »Tagesschau« auch heute noch die am meisten gesehene Nachrichtensendung des deutschen Fernsehens.

Ebenfalls tagtäglich gesehen, aber beim Fernsehzuschauer nicht gleichermaßen beliebt, war und ist die Werbung. Den ersten Werbespot des deutschen Fernsehens strahlte der Bayrische Rundfunk (BR) aus. Der

Ausschnitt aus dem ersten Werbespot des deutschen Fernsehens.

beliebte Münchner Volksschauspieler Beppo Brem bekleckerte beim gemeinsamen Essen mit Liesl Karstadt die Tischdecke, die dann nicht mit irgendeinem Waschmittel gereinigt wurde. Brem empfahl »Persil und nichts anderes«. Für die Abwicklung des Werbegeschäfts hatte der BR am 28. Juni die Tochtergesellschaft »Bayrisches Werbefernsehen GmbH« gegründet. Die frühen Werbespots waren kaum mit heutiger Werbung vergleichbar, weder was den betriebenen Aufwand und die technischen Möglichkeiten betrifft noch hinsichtlich der Zuschauerzahlen. Die Zahl der angemeldeten Fernsehgeräte lag Ende 1956 noch weit unter einer Million. Zu Beginn des Jahres 1957 waren es knapp 680.000. Für die Werbung war das Fernsehen dennoch ein Medium mit überzeugender Perspektive. Die Zahlen sprachen klare Worte: Das bundesdeutsche Einkommen stieg und die Preise für Fernsehgeräte sanken, da die Industrie die Produktion steigerte. 1956 lag der Preis für einen günstigen Fernseher bei schätzungsweise anderthalb Monatslöhnen.

Das Fernsehen war bereits Mitte der 50er Jahre ein Medium, dessen kritische Berichterstattung für Zündstoff sorgen konnte. Heinz Hubers Dokumentation »Genauer betrachtet: die Bundeswehr« vom 16. Oktober 1956 zog harsche Kritik nach sich und mündete in eine Fernsehdiskussion mit dem neuen Verteidigungsminister Franz-Josef Strauß, der sein Amt an eben diesem Tag antrat, und Repräsentanten der noch jungen Bundeswehr.

Zeitkritische Berichterstattung sollte ab dem 28. Januar 1957 fester Programmbestandteil werden. »Panorama – Worüber man spricht, worüber man sprechen sollte« lautete der Titel des ersten politischen Magazins der ARD. Mit Moderation, Filmbeiträgen und Interviews wurde »Panorama« zunächst bis März 1958 als monatlich erscheinendes Magazin gesendet. Ab dem 4. Juni 1961 wurde »Panorama« weitergeführt – jedoch mit geändertem und bis heute gültigem Untertitel: »Berichte, Analysen, Meinungen«. Rasch etablierte sich Panorama dem redaktionellen Selbstverständnis nach zu einer »ständigen Provokation« des bürgerlich-konservativen Lagers in der Adenauer-Ära. »Nun wollen wir uns wieder ein wenig mit der Bundesregierung anlegen«, so moderierte beispielsweise Gert von Paczensky, der das Magazin zusammen mit Rüdiger Proske aufbaute, einen Beitrag an. »Panorama« wird nicht zu Unrecht als das »Urgestein« zeitkritischer Magazine bezeichnet.

In der Programmgestaltung der 50er Jahre spielte auch Kunst und Kultur eine nicht zu unterschätzende Rolle, unter anderem als Verfilmung literarischer Stoffe. Dazu zählte die »Dreigroschenoper« von Bertolt Brecht mit der Musik von Kurt Weill, am 27. Februar 1957 erstmals im deutschen Fernsehen aufgeführt. Das Stück, das die bürgerliche Welt der Weimarer Zeit satirisch hinterfragt, der größte Theatererfolg der 20er Jahre, begeisterte auch das Fernsehpublikum. Mehr als 75 Prozent der Fernsehteilnehmer sahen die Aufführung.

Kaum drei Wochen später, am 19. März 1957, feierte

Die Münchner Lach- und Schießgesellschaft, 1957. Von links: Hans Jürgen Diedrich, Ursula Noack, Jürgen Scheller und Dieter Hildebrandt.

die »Münchner Lach- und Schießgesellschaft« ihr Fernsehdebüt. Das Kabarett setzte sich in seiner Erstbesetzung zusammen aus Ursula Herking, Hans Jürgen Diedrich, Klaus Havenstein und Dieter Hildebrandt. Regie führte der Sportreporter Sammy Drechsel. Die »Lach- und Schießgesellschaft« (eine Verballhornung von »Wach- und Schließgesellschaft«) avancierte rasch zum Fernsehkabarett schlechthin.

Im Sommer ging eine Unterhaltungssendung ganz anderer Art an den Start, die jahrzehntelang das Publikum begeistern sollte. Zur »Großen Deutschen Rundfunk-, Fernseh- und Phono-Ausstellung« in Frankfurt strahlte der Hessische Rundfunk erstmals die volkstümliche Sendung »Zum Blauen Bock« aus. Ab dem 9. November wurde Otto Höpfners »Blauer Bock« ins samstägliche Nachmittagsprogramm der ARD aufgenommen. Der »Blaue Bock« war einer typischen »Äppel-Woi«-Kneipe nachempfunden, in die Gäste aus Funk, Film und Fernsehen eingeladen wurden. Hessischer Apfelwein und der dazugehörige »Bembel« wurden so bundesweit bekannt. Ende 1965 übernahmen Heinz Schenk und Lia Wöhr die Sendung. Als nörgeliger Oberkellner ergänzte Reno Nonsens die beiden. Nach 21 Jahren und etwa 200 Ausgaben verabschiedete sich Heinz Schenk im Dezember 1987. Die Sendung zählte zu den beliebtesten Unterhaltungs-Shows des deutschen Fernsehens. In den 70er und 80er Jahren lagen die Einschaltquoten bei bis zu 20 Millionen Zuschauern.

Heinz Schenk und Lia Wöhr in »Zum Blauen Bock«, 1972.

Auch der erste Fernsehfilm des Deutschen Fernsehens wurde 1957 ausgestrahlt. Regisseur Franz Peter Wirth hatte den Kriminalroman »Der Richter und sein Henker« von Friedrich Dürrenmatt verfilmt. Das Fernsehspiel fesselte das inzwischen stetig gewachsene Publikum am 7. September. Kaum einen Monat später konnte die Bundespost eine neue Rekordzahl mitteilen: Der millionste Fernsehteilnehmer wurde registriert.

Das Fernsehen entwickelte sich mehr und mehr zu einem flächendeckenden Medium. Dem entsprechend begannen der Norddeutsche Rundfunk mit der »Nordschau« und der Westdeutsche Rundfunk mit »Hier und heute« damit, ihre eigenen Regionalprogramme zu senden.

Für Aufsehen und eine anschließende Bundestagsdebatte sorgte am 23. Februar 1958 das Fernsehspiel »Besuch aus der Zone« von Helmut Pigge, der das Drehbuch nach einem Hörspiel von Dieter Meichsner schrieb. Der Ost-West-Konflikt war in den 50er Jahren von brennender Aktualität. Der vom Süddeutschen Rundfunk (SDR) ausgestrahlte Film unterlief das übliche Schema West – gut / Ost – böse, so dass heftige Kritik nicht ausblieb.

Der CSU-Bundestagsabgeordnete und spätere Innenminister Friedrich Zimmermann äußerte den Vorwurf, der SDR vertrete DDR-Interessen. »Mit einer bemerkenswerten politischen Instinktlosigkeit wird in diesem Film ein völlig schiefes Bild von den Verhältnissen in der Bundesrepublik gezeichnet«, wetterte Zimmermann. Die Rede war von »Ostinfiltration« und »verantwortungsloser Programmgestaltung« des öffentlich-rechtlichen Fernsehens, während SPD-Mitglied Heinz Kühn, der spätere NRW-Ministerpräsident, dagegen argumentierte. Im Kreuzfeuer der Kritik stand der SDR-Intendant Fritz Eberhard (SPD), der aufgrund dieser Debatte nicht wieder in sein Amt gewählt wurde. Die Nachfolge trat der Journalist

Der Besuch aus der Zone kurz vor der Ankunft. Von links: Lieselotte Walter, Paula Denk und Siegfried Lowitz.

Hans Bausch (CDU) an. Bausch, der sieben Mal wiedergewählt wurde, setzte mit seinem Engagement für einen freien Rundfunk ohne Einfluss staatlicher, parteipolitischer und kommerzieller Interessen Maßstäbe.

1958 war das Jahr, in dem damit begonnen wurde, das Programm des Deutschen Fernsehens nach einem fest geplanten Schema zu gestalten. Ob Unterhaltungsshow, Fernsehfilm, Sport oder Dokumentation – die einzelnen Fernsehabende sollten ihre jeweiligen Schwerpunkte bzw. ihre prägende »Programmfarbe« haben.

Dabei gehörten auch die Kriminalfilme schon damals zu den Zuschauermagneten. »Der Polizeibericht meldet« wurde am 13. April 1958 von der Krimiserie »Stahlnetz« abgelöst. Bis 1969 wurden insgesamt 22 Folgen produziert. Diese NDR-Produktionen, bei der Jürgen Roland Regie führte und Wolfgang Menge die Drehbücher schrieb, basierten stets auf wahren Begebenheiten. Die Krimi-Reihe »Stahlnetz« war der Vorgänger des »Tatorts«.

Eine weitere Neuerung flimmerte ab Anfang 1958 über bundesdeutsche – und soweit der Empfang möglich war – auch über Mattscheiben in der DDR: die amerikanische Familienserie »Vater ist der Beste« mit Robert Young, in den USA bereits seit 1954 auf Sendung. Diese erste amerikanische Erfolgsserie feierte ihre Premiere bei der ARD am 23. Februar 1958. Bis 1963 wurden 75 Folgen ausgestrahlt. Ein weiterer ame-

Der Zoologe Professor Bernhard Grzimek in »Ein Platz für Tiere«. Die beliebte Tiersendung lief in der ARD von 1956 bis 1980.

Die »MAZ«

Eine technische Neuerung, die »MAZ« (magnetische Aufzeichnung), führte im Jahr 1958 zu entscheidenden Veränderungen der Programmproduktion. Die magnetische Bildaufzeichnung ermöglichte Vorproduktionen, Mitschnitte von Live-Veranstaltungen und die problemlose Wiederholung von Sendungen. Mit Hilfe der Magnetbänder konnte das Programm gleichzeitig aufgenommen und ausgestrahlt werden. Bisher war die Programmproduktion vom teuren 35-mm-Film abhängig. Mit den zwei Zoll breiten Magnetbändern konnte flexibler und günstiger produziert werden.

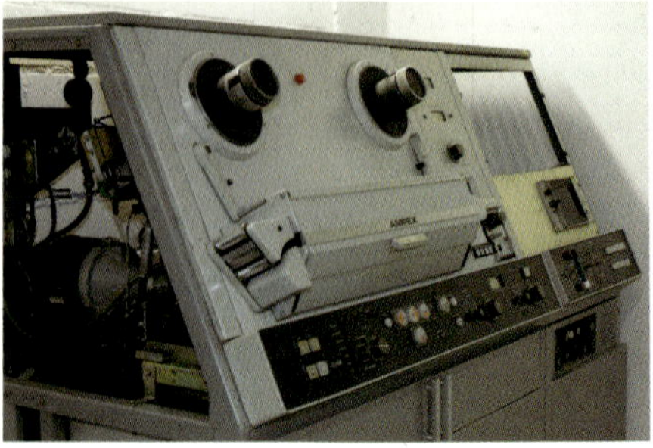

Auch wenn diese Ampex-Bandmaschine nicht aus den 50ern stammt, sondern ein etwas jüngeres Nachfolgemodell ist, sind die Größenverhältnisse vergleichbar. Die 2-Zoll-Bänder hatten ein enormes Gewicht. Heutige Geräte sind kaum mehr größer als Videorekorder für den Hausgebrauch

rikanischer Fernseherfolg, »Fury«, der schwarze Hengst, folgte noch im selben Jahr. Die Serie, die Kinderherzen höher schlagen ließ, hatte ihren festen Platz im Nachmittagsprogramm. Bis Anfang der 60er Jahre konnten 47 Folgen synchronisiert werden.

Nicht nur aufgrund der immer schneller steigenden Zuschauerzahlen avancierte das damals noch junge Fernsehen bald zur »Konkurrenz« für das Kino. Am 14. November 1958 feierte Franco Rossis Kinofilm »Amici per la pelle« unter dem Titel »Freunde fürs Leben« Spielfilmpremiere im deutschen Fernsehen. Die italienisch-französische Produktion war somit in Deutschland im Fernsehen zu sehen, bevor er über die Kinoleinwände lief.

Ende des Jahres 1958 zählte die Bundespost über zwei Millionen Fernsehteilnehmer. Die Zahlen stiegen weiterhin so rasant, dass sich 1959 als das Jahr bezeichnen lässt, in dem das Fernsehen eindeutig zum Massenmedium wurde. Pro Tag wurden damals in der Bundesrepublik durchschnittlich 5000 Geräte gekauft. Mehr als 3,4 Millionen Fernseher waren Ende 1959 gemeldet.

Auch das letzte der 50er Jahre bescherte den Zuschauern einige Premieren. »Soweit die Füße tragen«, ein Fernsehfilm nach dem Bestsellerroman von Josef Martin Bauer, war das erste Fernsehspiel, das in mehreren Teilen gesendet wurde. Der Sechsteiler, bei dem Fritz Umgelter Regie führte, kam beim Publikum bestens an. Amerikanische Serien wie »Lassie«, »Union Pacific« oder die »Texas Rangers« ergänzten zu dieser Zeit die eigenen Produktionen.

Ein neues Gesicht erhielt am 2. März 1959 die »Tagesschau«. Bis dahin waren nur kommentierte Filmausschnitte gezeigt worden. Mit Karl-Heinz Köpcke als erstem Nachrichtensprecher begann die »Tagesschau« nun mit einem fünfminütigen Block aus Wortnachrichten. Ab dem 1. März 1960 folgte der 20-Uhr-Ausgabe »Das Wetter von morgen« – die Wetterkarte. Ende 1960, als die »Tagesschau« mit einer eigenen Redaktion ausgestattet war, erhielt die Nachrichtensendung ihre heute noch gültige Form, bei der Filmbeiträge und gesprochener Text gemischt sind.

Am 16. März 1959 startete Hans Berg seine Reihe »Gesichter Asiens« mit einer Reportage über das mo-

»Mister Tagesschau«

Karl-Heinz Köpcke wurde am 29. September 1922 in Hamburg geboren, während des Krieges geriet er als Funker der Luftwaffe in französische Gefangenschaft. Ab 1946 war er als Hörspiel- und Rundfunksprecher sowie als Moderator einer Quizsendung bei Radio Bremen tätig. 1949 wurde er Nachrichtensprecher beim NWDR.

Als Nachrichtensprecher prägte Karl-Heinz Köpcke von 1959 bis 1987 die »Tagesschau«. Mit stets korrekter Vortragsweise und betont seriösem Auftreten verlieh er der Nachrichtensendung einen geradezu amtlichen Charakter. Das öffentlich-rechtliche Fernsehen hatte noch eine Monopolstellung und mit mehr als 5000 Sendungen war Köpcke Abend für Abend fester Bestandteil im Alltag der meisten deutschen Fernsehzuschauer. Sein Bekanntheitsgrad reichte an den des Bundeskanzlers heran. Köpcke setzte im ganzen deutschsprachigen Raum Maßstäbe für das Erscheinungsbild und das Auftreten von Nachrichtensprechern. Einen »Skandal« verursachte er 1974, als er nach einem Sommerurlaub mit einem Schnäuzer vor der Kamera erschien. Ein Schrei der Empörung ging durch das 30-Millionen-Publikum: Der Bart musste weg. Der sonst stets korrekte Köpcke erlaubte sich 1978 mit der »Gähn- und Raschelaffäre« einen deutlichen Protest gegen eine Programmänderung. In der neu eingeführten Nachrichtensendung »Tagesthemen« sollte die Person des Sprechers dem neu eingeführten Moderator gegenüber in den Hintergrund treten. Aus dem »Off« heraus machte Köpcke durch intensives Gähnen, Räuspern und deutlich hörbares Papiergeraschel auf sich aufmerksam. Seine letzte Tagesschau-Sendung verlas der beliebte Sprecher am 10. September 1987. Am 28. September 1991, einen Tag vor seinem 69. Geburtstag, erlag er einem Krebsleiden.

Das Tagesschau-Team um Karl-Heinz Köpcke. Seit 1976 war Dagmar Berghoff als erste Frau dabei.
Von links: Werner Veigel, Joachim Brauner, Dagmar Berghoff, Wilhelm Wieben und Karl-Heinz Köpcke.

Tagesschau-Logos im Wandel der Zeit

derne indische Stahlwerk im ostindischen Rourkela. Nur wenig später, zum 1. April 1959, begannen fast alle Fernsehsender der Bundesrepublik, das Vorabendprogramm zwischen 19.30 Uhr und 20.00 Uhr mit Werbung zu versehen. Neu dazugekommen waren an diesem Tag der Norddeutsche Rundfunk, Radio Bremen und der Westdeutsche Rundfunk.

Eine Benefiz-Sendung des Bayrischen Rundfunks, die bis heute ausgestrahlt wird, feierte kurz darauf ihr Debüt: Münchens Oberbürgermeister Thomas Wimmer begrüßte mit einem Geparden an der Hand die Gäste der ersten Zirkus-Show »Stars in der Manege«. Marianne Koch, Toni Sailer, Margot Hielscher und Heidi Brühl zählen zu den Stars der ersten Stunde. Das Live-Publikum war von Anfang an fasziniert. Seitdem die Sendung ins Weihnachtsprogramm verschoben wurde, begeistert »Stars in der Manege« Jahr für Jahr ein Millionenpublikum. Bis 2006 hat die Sendung einen Reinerlös von 3,5 Millionen Euro eingespielt.

Der »Komödienstadl«, eine weitere Fernsehreihe des Bayrischen Rundfunks, die bis heute produziert wird, feierte seine Premiere am 16. Mai 1959. Mit vielen bekannten Volksschauspielern auf der Bühne gewann die Reihe auch bundesweit viele Anhänger. Besonders in den 60er und 70er Jahren sorgte der »Komödienstadl« für hohe Einschaltquoten. Beliebt ist die Sendung nach wie vor. Ebenfalls ab dem 16. Mai brachte der Bayrische Rundfunk die Jugendserie »Sport – Spiel – Spannung«, die bis 1974 fortgesetzt wurde, im Nachmittagsprogramm. Den Sport-Teil moderierte Sammy Drechsel, für »Spiel« und »Spannung« war Klaus Havenstein zuständig.

Ebenfalls im Mai vergrößerte sich die ARD: Der Saarländische Rundfunk trat der Arbeitsgemeinschaft bei. Ab dem 22. August 1959 war das ARD-Programm schließlich auch im Saarland zu sehen.

Im Sommer des Jahres wurde in München die Bavaria Atelier GmbH gegründet, die heutige Bavaria Film GmbH. Die »Bavaria« als solche blickte schon damals auf eine lange Tradition zurück: begonnen hatte alles

1919 mit der Münchner Lichtspielkunst AG, 1932 wurde daraus die Bavaria Film AG und ab 1938 die Bavaria Filmkunst GmbH.

Mit Gründung der Bavaria Atelier GmbH am 1. August 1959, zu deren Gesellschaftern mehrheitlich der Süddeutsche und der Westdeutsche Rundfunk gehörten, schlug die Bavaria eine neue, zukunftsweisende Richtung ein. Man begann mit der Produktion von Fernsehfilmen, -serien und -shows. Heute ist die Bavaria Film eines der führenden Produktionsunternehmen in Europa.

Am 22. November 1959 erblickte das Sandmännchen der DDR das Licht der Welt. Die Figur hatte der Puppentrickfilm-Regisseur Gerhard Berendt erfunden. Das in Ost und West beliebte DDR-Sandmännchen erschien lange vor dem des Deutschen Fernsehens. Erst ab 1962 schickte die ARD ihre eigene kleine Traumgestalt über den Äther.

Die Hanseaten zogen schnell nach. Noch im Dezember 1959 wurde im Hamburger Stadtteil Tonndorf die Realfilm-Atelier-Betriebs-GmbH gegründet, Vorgängerin der heutigen Studio Hamburg GmbH. Mit einem Gelände von 80.000 Quadratmetern ist Studio Hamburg heute Deutschlands größtes Produktions- und Dienstleistungsunternehmen für Film und Fernsehen.

Der NDR startete am 1. Dezember des Jahres die erste regionale Nachrichtensendung im deutschen Fernsehen. Die »Berichte vom Tage« wurden im Vorabendprogramm ausgestrahlt. Daraus ging schließlich die noch heute ausgestrahlte Sendung »NDR aktuell« hervor. Täglich war das Erste Deutsche Fernsehprogramm zu dieser Zeit annähernd fünf Stunden auf Sendung und die Zuschauerzahlen stiegen stetig. 1960 überschritt die Zahl der angemeldeten Fernsehgeräte die 4-Millionen-Grenze. Bis 1969 sollten Jahr für Jahr durchschnittlich 1,3 Millionen Geräte hinzukommen.

Ein neues Ritual für alle Sportbegeisterten etablierte sich seit dem 4. Juni 1961 im Ersten Fernsehprogramm: die samstägliche »Sportschau«. Im Mittelpunkt steht bei der WDR-Produktion von Anfang an König Fußball. Die erste Sendung moderierte Ernst Huberty. Ein – vorwiegend männliches – Publikum von bis zu 15 Millionen Zuschauern verfolgte die Sendung bis Mitte der 80er Jahre. Nachdem die Erstsenderechte für die Bundesliga an die Privaten gingen, sank die Zahl drastisch auf zwei Millionen. 2003 hatte die ARD wieder die Erstsenderechte erworben und die Sportschau verzeichnete in der Bundesligasaison 2006/07 durchschnittlich 5,7 Millionen Zuschauer.

1961 bewies der WDR auch mit einer ganz anderen Sendung den richtigen Riecher: Am 18. Juli hieß es erstmalig »Vorsicht Kamera«. Die Show mit der versteckten Kamera wurde damals von Chris Howland moderiert. Er war übrigens ab dem 22. Oktober auch in der vom NDR produzierten Sendung »Musik aus Studio B« zu sehen, die schnell einen stattlichen Zuschauerzuspruch erhielt.

Seit dem offiziellen Programmstart des NWDR im Dezember 1952 waren noch keine zehn Jahre vergangen, in denen das Fernsehen seinen Siegeszug hin zum Massenmedium mit einem bereits fest entwickelten Programmschema angetreten hatte.

Fernsehen in der DDR

Auch in der DDR war das Fernsehen zu einem Massenmedium geworden – und das ganz im Sinne der SED. Zwar gab es schon allein aufgrund der geringeren Einwohnerzahl insgesamt weniger Zuschauer als in der Bundesrepublik. Doch die Wachstumstendenz war auch in der DDR eindeutig:

1952	72
1953	600
1954	2213
1955	13.575
1956	70.607
1957	159.490
1958	317.604
1959	593.479
1960	1.033.035
1961	1.459.251

DDR und »kalter Krieg« oder: Fernsehen gegen Fernsehen

In der Bundesrepublik der späten 50er Jahre war die Sorge der Programmverantwortlichen groß, dass die DDR mit ihren Sendungen die bundesdeutsche Bevölkerung beeinflussen könnte. Ganz unbegründet war diese Befürchtung nicht. Am 2. Januar 1956 beendete die DDR das »Offizielle Versuchsprogramm« des Fernsehzentrums Berlin und am Folgetag startete der »Deutsche Fernsehfunk« (DFF) sein Programm. Dass der Name »Deutscher Fernsehfunk« gewählt wurde, hatte einen einfachen Grund: Es sollte für ganz Deutschland gesendet werden. Fernsehen galt als Propagandamittel. So wurde in der Bundesrepublik laut darüber nachgedacht, wie die unerwünschten Sendewellen aus dem Osten abgeschirmt werden könnten. Zu dieser Zeit traf die DDR Vorbereitungen, um für den Westen vorgesehene Programme auszustrahlen. Die auf westliche Zuschauer zugeschnittene Sendung

»Telestudio West« wurde ab 1957 im sonntäglichen DDR-Nachmittagsprogramm gesendet. Die Angst westdeutscher Politiker vor »Unterwanderung« durch DDR-Medien wuchs damit enorm. Sowohl die DDR als auch die Bundesrepublik hatten an der innerdeutschen Grenze leistungsstarke Sendeanlagen aufgebaut. Ende der 50er Jahre wurde sogar mit einer »Fernseh-Offensive« der DDR gerechnet.

Tatsächlich aber standen die deutschen Mittelgebirge einer solchen »Offensive« im Weg. Und der DDR-Sender auf dem Harzer Brocken strahlte nur 200 Kilometer weit in die norddeutsche Tiefebene hinein.

Untersuchungen zufolge konnten nur vier Prozent der bundesrepublikanischen Zuschauer das DDR-Programm gut empfangen. Weitere fünf Prozent hatten nur einen schlechten Empfang. Die breite Mehrheit der Westdeutschen war ohnehin nicht geneigt, sich durch das Ost-Fernsehen politisch beeinflussen zu lassen. Die politische Ausrichtung des DDR-Fernsehens stieß bei den West-Zuschauern eher auf Ablehnung. Selbstverständlich sollten umgekehrt die Bewohner der »Ostzone« die Möglichkeit haben, bundesrepublikanisches Fernsehen zu empfangen, was wiederum der DDR-Führung angesichts manch unliebsamer Berichterstattung aus dem Westen widerstrebte.

Ganz im Zeichen des »Kalten Krieges« zwischen Ost und West bzw. zwischen der DDR und der Bundesrepublik startete beispielsweise Deutschland-Berichterstatter Thilo Koch, der wie Gerhard Löwenthal zum Studio Berlin

Der 1141 Meter hohe Harzer Brocken war zu DDR-Zeiten nicht für die Öffentlichkeit zugänglich. Inzwischen ist der Berg ein beliebtes Ausflugsziel. Im Hintergrund ist die Sendeanlage zu sehen.

des NDR gehörte, am 6. Oktober 1958 die Fernsehreihe »Die Rote Optik«. Zwei Jahre lang kommentierte Koch Mitschnitte von DDR-Sendungen. Sein Anliegen formulierte er später so: »Ich wollte die Lügenmaschinerie des SED-Staates darstellen und damit widerlegen. Dies vor den Augen der Fernsehzuschauer in West- und Ostdeutschland«. Kochs Reihe dürfte Karl Eduard von Schnitzler, den damaligen Chefkommentator des Deutschen Fernsehfunks, dazu veranlasst haben, seinen »Schwarzen Kanal« ins Leben zu rufen.

Der ARD gelang es letztlich, mit ihren Programmen nahezu das gesamte Gebiet der DDR zu erreichen. So wurde die Abkürzung ARD auch humorvoll mit »Außer Raum Dresden« übersetzt. Im Dresdner Elbtalkessel war es nämlich nicht möglich, UKW-Sendungen und »Westfernsehen« zu empfangen. Daher wurde diese Region auch spöttisch »Tal der Ahnungslosen« genannt.

Viele Sendungen des Deutschen Fernsehens bzw. des »Westfernsehens« widmeten sich gezielt den damaligen Lebensbedingungen in der DDR. Der Sender Freies Berlin (SFB) spielte hierbei eine entscheidende Rolle. Insbesondere nach dem Mauerbau am 13. August 1961 sahen es die Fernsehverantwortlichen der Bundesrepublik und West-Berlins zudem als besondere Aufgabe, der nunmehr völlig abgeschnittenen DDR-Bevölkerung Eindrücke aus dem Westen zu vermitteln.

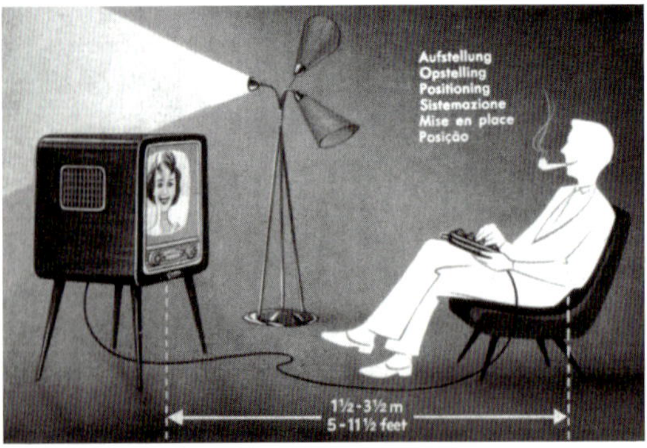

Je nach Bildschirmgröße empfahl die Firma Graetz in dieser Bedienungsanleitung von 1957 einen Abstand von 1,5 und 3,50 Metern. Die Abbildung zeigt auch ein Stück Komfort der späten 50er Jahre: Kabelfernbedienungen waren damals ein besonderer Luxus.

Der Streit von Bund und Ländern um das Fernsehen

Schon im Frühjahr 1953 hatte es einen ersten ernsten Konflikt von Bund und Ländern um die Zuständigkeiten hinsichtlich des Rundfunks gegeben, die verfassungsrechtlich nicht eindeutig geklärt waren. Zwar besaßen die Länder die Kulturhoheit und damit auch die Rundfunkhoheit. Dem Grundgesetz nach hatte der Bund wiederum Fernmeldehoheit, doch war der Begriff des Fernmeldewesens unbestimmt. Je nach Deutung hätte damit der gesamte Rundfunk gemeint sein können. Die Post als Bundesbehörde besaß Fernmelderechte. Die Aufgabenverteilung bei der Organisation des Rundfunks wurde daher geradezu zwangsläufig zum Streitthema zwischen Bund und Ländern.

Am 20. Februar 1953 hatte der damalige Bundesinnenminister und CDU-Politiker Robert Lehr den Entwurf eines neuen Rundfunkgesetzes präsentiert. Dieser Entwurf sah einen neuen Bundessender vor. Das entsprach voll und ganz den Vorstellungen Konrad Adenauers, der an einer politischen Einflussnahme bei der Programmgestaltung überaus interessiert war.

Die meisten Intendanten der Rundfunkanstalten lehnten diesen frühen Vorstoß mit der Begründung ab, dass es sich beim Rundfunk um eine Ländersache handle und der Bund seine Kompetenzen überschreite. Lehrs Entwurf verletzte in den Augen der Intendanten die Unabhängigkeit des Rundfunks. Als Alternative erarbeitete die Fernsehkommission einen Fernsehvertrag, der festlegte, wie die Rundfunkanstalten zusammenarbeiten sollten, um das zukünftige gemeinschaftliche Programm des Ersten Deutschen Fernsehens zu gestalten.

Am 27. März 1953 stimmten die Intendanten und Gremienvorsitzenden der ARD diesem Fernsehvertrag zu. Das Gemeinschaftsprogramm sollte ab 1954 ausgestrahlt werden. Lehrs Bundesrundfunkgesetz war gescheitert, nicht zuletzt auch, weil die Alliierten von ihrem Vetorecht Gebrauch machten. Das Programm ging weiter – ohne Bundessender und ohne stärkeren

Einfluss des Bundes. Damit sollten die Streitigkeiten aber noch längst nicht beendet sein.

Im Herbst 1954 wurde Konrad Adenauer als Bundeskanzler wiedergewählt. In diese Zeit fällt die zweite Phase des Konfliktes. Nun setzte die Bundesregierung auf Verhandlungen mit den Ländern. Auf Adenauers Initiative hin wurde eine Bund-Länder-Kommission gegründet, die den Entwurf zu einem Staatsvertrag zwischen Bund und Ländern erarbeiten sollte. Der »Allgemeine Rundfunkvertrag« kam indessen nicht zustande. Die Verhandlungen zwischen Bund und Ländern scheiterten.

Bundeskanzler Konrad Adenauer strebte ein Bundesfernsehen an.

Neue Begehrlichkeiten weckte die Schaffung weiterer Frequenz- bzw. Wellenbereiche, die es ermöglichten, ein zweites und drittes Fernsehprogramm auszustrahlen. Nach wie vor war die Bundesregierung an einem »Deutschland-Fernsehen«, also an einem Bundessender, interessiert. In den Augen der Bundesländer lag aber das Monopol und alleinige Nutzungsrecht dieser neuen UHF-Sendefrequenzen bei den bestehenden Landesrundfunkanstalten. Um dem Bund gegenüber Entschlossenheit zu zeigen, diese Monopolstellung zu verteidigen, erklärten die Landesrundfunkanstalten der ARD schon im Sommer 1957 ihre Absicht, ein eigenes zweites Fernsehprogramm zu schaffen. In

VHF und UHF
VHF steht für »Very-High-Frequency« und bezeichnet beim Fernsehen mit VHF Band I die Sendefrequenzen von 47 bis 68 Mhz (Megahertz), entsprechend den Kanälen 2, 3 und 4. VHF Band II entspricht den Frequenzen der UKW-Radioempfänger. VHF Band III reicht von 174 bis 233 Mhz, entsprechend den Kanälen 5 bis 12.
UHF steht für »Ultra-High-Frequency«. Für das Fernsehen gibt es UHF Band IV von 470 bis 606 Mhz mit den Kanälen 21 bis 37 und das UHF Band V von 606 bis 861 Mhz mit den die Kanälen 38 bis 69. Dabei sind die Kanäle 36 und 38 dem Radar und der Radioastronomie vorbehalten.
Da die Fernsehapparate der 50er Jahre nur für den Empfang des ersten und seinerzeit einzigen Programms konzipert waren, konnten sie ausschließlich VHF Frequenzen empfangen. Um damit auch das zweite Programm empfangen zu können, benötigte man einen UHF-Konverter.

diesem Sinne wurde beim Postministerium die Zuteilung von Sendefrequenzen beantragt. Das Ministerium lehnte ab. Dabei stand das Interesse der Bundesregierung im Hintergrund, diese Frequenzen für andere Zwecke zu nutzen als für ein Zweites Deutsches Fernsehen als öffentlich-rechtliche Institution.

Im September 1957 erreichte die CDU/CSU bei der Wahl zum dritten Deutschen Bundestag die absolute Mehrheit. Adenauer begann seine dritte Legislaturperiode und setzte seine Politik in Sachen Bundesfernsehen fort. Der damalige Innenminister, der CDU-Politiker Gerhard Schröder, kündigte schließlich im Frühjahr 1959 ein Bundesrundfunkgesetz an, das den Aufbau des Bundessenders als zweites Fernsehprogramm regeln sollte. Vorgesehen war ein privatwirtschaftlich zu gestaltendes »Deutschland-Fernsehen« mit Sitz in Frankfurt. Erneut gab es keine Einigung mit den Ländern. Diese sahen in dem Gesetzentwurf einen Frontalangriff auf ihre Kulturhoheit. Im Gegenzug schlugen die Bundesländer in den »Kieler Beschlüssen« vom 20. Juni 1959 einen Staatsvertrag vor, demzufolge die Rundfunkanstalten der ARD einen öffentlich-rechtlichen Verband namens »Deutsches Fernsehen« bilden sollten, in dem der Bund mitwirken konnte. Adenauer lehnte ab. Der Streit spitzte sich weiter zu, bis Anfang der 60er Jahre das erste und zugleich richtungsweisende Rundfunkurteil des Bundesverfassungsgerichts Klarheit brachte.

1960
17 afrikanische Staaten werden unabhängig von den Kolonialmächten Frankreich, Großbritannien und Belgien.
1961
Am 12. April startet die Sowjetunion den ersten bemannten Raumflug.
Am 13. August beginnt der Mauerbau in Berlin.
1962
Auf Kuba sollen sowjetische Raketen stationiert werden. Die »Kuba-Krise« bedroht den Weltfrieden, Nikita S. Chruschtschow gibt gegenüber Kennedys harter Haltung nach und zieht die Raketen ab.
1963
US-Präsident John F. Kennedy wird am 22. November durch ein Attentat getötet
1965–1975
Vietnam-Krieg

Richtungsweisend: das Erste Rundfunkurteil

Da sich ein regierungstreuer Bundessender nicht auf dem Gesetzesweg verwirklichen ließ, entschloss sich die Bundesregierung zu einer privatwirtschaftlichen Lösung und beschloss am 8. Juli 1960, keinen Staatsvertrag über ein zweites Fernsehprogramm abzuschließen. Wenig später brachte Bundeskanzler Konrad Adenauer gemeinsam mit Bundesjustizminister Fritz Schäffer die Gründung der »Deutschland-Fernsehen GmbH«, einer »vom Staat beherrschten, privatrechtlichen Gesellschaft«, auf den Weg, das sogenannte »Adenauerfernsehen«. Produktion und Ausgestaltung des Programms sollte die »Freies Fernsehen GmbH« (FFG) übernehmen – finanziert durch Werbeeinnahmen.

Mit diesem Vorstoß war eine politische Einigung mit den Ländern unmöglich geworden. Ebenso verärgert wie die Intendanten der ARD-Rundfunkanstalten waren die Ministerpräsidenten der Länder. Hessens Ministerpräsident Georg August Zinn sprach sogar von einem »Husarenstreich« Adenauers.

Am 19. August 1960 reichte die Freie und Hansestadt Hamburg eine Verfassungsklage ein. Hessen folgte einen Monat später, Bremen und Niedersachsen schlossen sich der Hamburger Klage an. Damit hatte der Bund-Länder-Streit seinen Höhepunkt erreicht. Es

Konrad Adenauer unterzeichnete am 25. Juli 1960 den Vertrag zur Gründung der Deutschland-Fernsehen GmbH, ohne dass die Bundesländer beteiligt waren.

war eine neuartige Situation, in der nicht das Parlament eine Lösung zu finden hatte, sondern das Verfassungsgericht. Damit hatte das höchste deutsche Gericht erstmals über die weitere Entwicklung des Fernsehens zu entscheiden, und zwar grundlegend. Dem ersten Rundfunkurteil kam eine enorme Tragweite für die kommenden Jahrzehnte zu.

Das Verfassungsgericht hatte die Klagen Hamburgs und Hessens im Zuge der Untersuchungen miteinander verbunden. Das Land Hamburg hatte in der Klage beantragt, das Gericht möge folgendes anerkennen:

»Die Bundesregierung verletzt die der Freien und Hansestadt Hamburg nach Artikel 30 Grundgesetz zustehenden Rechte, indem sie

a) am 25. 7. 1960 eine »Deutschland-Fernsehen-GmbH« zur Beschaffung und Herstellung eines Fernsehprogramms gegründet hat und

b) sich anschickt, auf für den Fernsehrundfunk zur Verfügung stehenden Frequenzen selbst Rundfunksendungen auszustrahlen oder das Recht zur Benutzung solcher Frequenzen anderen Programmträgern als den Rundfunkanstalten der Länder zu verleihen.«

Zudem sollte auch festgestellt werden: »§ 3 des Staatsvertrages über den Norddeutschen Rundfunk vom 16. Februar 1955 ist mit Artikel 73 Nr. 7 Grundgesetz vereinbar.«

Die Argumentationsstrategie der Hamburger verfolgt zwei Ziele: Zum einen wird dem Bund die Verantwortlichkeit für das Fernsehprogramm abgesprochen, zum anderen die alleinige Zuständigkeit dem öffentlich-rechtlichen Fernsehen bzw. dem NDR zugesprochen.

Artikel 30 des Grundgesetzes besagt, dass die Ausübung der staatlichen Befugnisse und die Erfüllung der staatlichen Aufgaben »Sache der Länder ist« – und zwar »soweit dieses Grundgesetz keine andere Regelung trifft oder zulässt.« Da es eine solche Regelung nicht gab, war das Fernsehen folglich nicht Sache des Bundes. Und § 3 des Staatsvertrages über den NDR besagte:

1966
In China leitet Mao Tse-tung die »Große Proletarische Kulturrevolution« ein.
Kurt Georg Kiesinger wird am 1. Dezember zum Bundeskanzler gewählt. Große Koalition von CDU und SPD.

1967
Nach dem Sechstagekrieg kontrolliert Israel die Sinai-Halbinsel, den Gazastreifen, das Westjordanland und die Golan-Höhen.
Am 9. Oktober wird der kubanische Revolutionär »Che« Guevara in Bolivien getötet.

1968
Am 30. Mai beschließt die Bundesregierung die Notstandsgesetze, die auch Einschränkungen der Grundrechte beinhalten.

1969
Das Woodstock-Festival vom 15. bis 18. August wird mit mehr als 400.000 Besuchern zum musikalischen Jahrhundertereignis.
Am 28. September wird Willy Brandt an der Spitze einer sozial-liberalen Koalition Bundeskanzler.

1970
Die Entwicklung von Bildschirmen mit Flüssigkristallanzeige, LCD (Liquid Crystal Display), beginnt.
Der Warschauer Vertrag wird geschlossen. Damit wird die Oder-Neiße-Linie als polnische Westgrenze anerkannt.

1971
Auf der Funkausstellung in Berlin werden die ersten VCR-Video-Kassetten-Rekorder von Philips und Grundig vorgestellt.
In der DDR wird Erich Honecker am 3. Mai Erster Sekretär des Zentralkomitees der SED und löst damit Walter Ulbricht ab.
1972
Am 1. Juni werden in Frankfurt am Main die Terroristen Andreas Baader, Holger Meins und Jan-Carl Raspe verhaftet. Ulrike Meinhof wird am 15. Juni in Hannover gefasst.

»(1) Aufgabe des NDR ist die für die Allgemeinheit bestimmte Verbreitung von Nachrichten und Darbietungen in Wort, Ton und Bild. Dem NDR sind das ausschließliche Recht und die Pflicht vorbehalten, in den Ländern Niedersachsen, Schleswig-Holstein und freie und Hansestadt Hamburg (Sendegebiet) die hierfür erforderlichen Anlagen des Hörfunks und des Fernsehfunks zu errichten und zu betreiben, sowie die Anlagen des Drahtfunks zu versorgen.

(2) Der NRD hat sicherzustellen, dass seine technischen Anlagen sein Sendegebiet gleichwertig versorgen.«

Damit spricht § 3 des NDR-Staatsvertrages der öffentlich-rechtlichen Rundfunkanstalt eine unstreitige Monopolstellung zu. Artikel 73, Nummer 7 des Grundgesetzes besagt: »Der Bund hat die ausschließliche Gesetzgebung über ... das Postwesen und die Telekommunikation« (damals hieß es noch: »Post- und Fernmeldewesen«). Hamburg argumentierte damit, dass »lediglich die Technik der Programmübermittlung, nicht aber die Organisation der Sendeträger und die Gestaltung der Programme« zum »Post- und Fernmeldewesen« gehörte. Kommt also das Verfassungsgericht zu dem Ergebnis, dass der NDR-Staatsvertrag mit der Verfassung vereinbar ist, dann darf im Sendegebiet des NDR kein Bundesfernsehen stattfinden.

Das Land Hessen hatte sich in seiner Klage auf Artikel 30 und auf Artikel 5 des Grundgesetzes berufen und zudem auf die »sich aus dem bundesstaatlichen Aufbau des Grundgesetzes ergebende Pflicht zu länderfreundlichem Verhalten« verwiesen. Der Bund habe geltendes Landesrecht verletzt. Auch die Art und Weise, in der der Bund vorgegangen sei, sei mit jenem Grundsatz nicht vereinbar. Artikel 5 des Grundgesetzes verbiete dem Bund, so die Position Hessens, »den Rundfunk zu lenken oder zu beeinflussen«.

Erwartungsgemäß hatte die Bundesregierung ihrerseits beantragt, die vom Verfassungsgericht durch Beschlüsse vom 8. Oktober und 7. Dezember 1960 zu einer Einheit zusammengefassten Klagen der Länder abzuweisen. Nach Artikel 73, Nummer 7 Grundgesetz sei der Bund befugt, den Rundfunk als Ganzes zu regeln, so die Regierungsposition. Auch seien keine Länderrechte verletzt worden.

Das Urteil in dieser grundlegenden innenpolitischen Auseinandersetzung wurde für Anfang des Jahres 1961 erwartet. Damit aber das im Aufbau befindliche »Adenauer-Fernsehen« nicht noch während des laufenden Verfahrens auf Sendung ging und Tatsachen geschaffen wurden, beantragten die klagenden Länder beim Bundesverfassungsgericht den Stopp per einstweiliger Verfügung. Diese trat am 17. Dezember 1960 in Kraft. Damit war unter das »Husarenstück« Adenauers ein endgültiger Schluss-Strich gezogen, denn am 28. Februar 1961 erging das später so genannte »Erste Rundfunkurteil«. Das Bundesverfassungsgericht verbot damit das Bundesfernsehen – eine schwere Niederlage für Adenauer und zugleich eine verfassungspolitische Grundsatzentscheidung, deren Bedeutung weit über das Fernsehen selbst hinausreichte.

Nach dem Verständnis der Verfassungsrichter bezieht sich die Zuständigkeit des Bundes im Post- und Fernmeldewesen ausschließlich auf den sendetechnischen Bereich. Das eindeutige Monopol auf die Gestaltung des Programms im Sendegebiet liegt bei den

Das »Erste Rundfunkurteil« vom 28. Februar 1961

1. Das hamburgische Gesetz, betreffend den Staatsvertrag über den Norddeutschen Rundfunk, vom 10. Juni 1955 (GVBl. I S. 197) ist, soweit es sich auf § 3 Absatz 1 des Staatsvertrages bezieht, mit Artikel 73 Nr. 7 des Grundgesetzes insoweit unvereinbar und daher nichtig, als § 3 Absatz 1 des Staatsvertrags dem Norddeutschen Rundfunk das ausschließliche Recht vorbehält, sendetechnische Anlagen des Hörrundfunks und des Fernsehrundfunks zu errichten und zu betreiben.
Im übrigen ist das Gesetz, soweit es sich auf § 3 Absatz 1 des Staatsvertrags bezieht, mit dem Grundgesetz vereinbar.
2. Der Bund hat durch die Gründung der Deutschland-Fernsehen-GmbH gegen Artikel 30 in Verbindung mit dem VIII. Abschnitt des Grundgesetzes sowie gegen den Grundsatz bundesfreundlichen Verhaltens und gegen Artikel 5 des Grundgesetzes verstoßen.

Rundfunkanstalten. Dem Bund wurde also untersagt, die Veranstaltung von Rundfunksendungen als staatlichen Aufgabe wahrzunehmen. Das Medium »Rundfunk« war in den Augen des Gerichts nicht Teil des Fernmeldewesens, sondern dessen Nutzer. Damit wurde die Rundfunkhoheit der Länder bestätigt. Mit dem Urteil des Bundesverfassungsgerichts wurde der öffentlich-rechtliche Charakter des Rundfunks ebenso festgeschrieben wir dessen Freiheit von staatlichen Einflüssen bzw. »Staatsferne«. Zudem wurde dem Bund ein länderfreundliches Verhalten verordnet.

Welches Gewicht dieses Urteil hatte, verdeutlichte der Intendant des Süddeutschen Rundfunks (SDR) und Rundfunkhistoriker Hans Bausch. Er nannte das Fernseh-Urteil die »Magna Charta des Rundfunks der Bundesrepublik Deutschland«, weil es »die weitere Richtung der Rundfunkentwicklung bestimmt hat«. Das Urteil beendete nicht nur den Fernsehstreit, es bedeutete auch das Aus für die »Freies Fernsehen GmbH«. Diese Pleite verursachte Kosten von etwa 35 Millionen DM, die der Bund zu tragen hatte. Das Ende des »Regierungssenders« hatte andererseits aber auch zur Folge, dass das Fernsehen hinsichtlich gesellschaftlicher und politischer Veränderungen einen grundsätzlich interessenfreien und überparteilichen Status behielt. Das Fernsehen konnte auf gesellschaftliche Missstände aufmerksam machen und Kritik am Staat üben. Ebenso konnten gesellschaftliche Modernisierungen befürwortet werden, ohne dass das Fernsehen dabei Sprachrohr staatlicher oder wirtschaftlicher Interessen wurde.

Das ZDF entsteht

Die Gründung des »Zweiten Deutschen Fernsehens« war einerseits die zwingende Konsequenz des Bund-Länder-Streits und des Verfassungsurteils vom 28. Februar 1961 – andererseits bestand aufgrund der verbesserten technischen Möglichkeiten entsprechender Handlungsbedarf. Da schon längst neue UHF-Frequenzbereiche zur Verfügung standen, galt es, diese auch zu nutzen. Und Vorstellungen, wie ein zweites Fernsehprogramm organisiert werden könnte, gab es ebenfalls bereits. Die Zeit war reif für ein »Zweites Programm«. Nach etlichen Jahren mit nur einem einzigen Kanal war die anfängliche Begeisterung des Publikums einer anspruchsvolleren Haltung gewichen. Ende der 50er Jahre hagelte es mehr und mehr Kritik an der Qualität von Technik und Programmen. Bemängelt wurden unter anderem zuviel »Klamauk«, »Kitsch« und »Krampf«. In der Zeitschrift »Hör Zu« machten Zuschauer ihrem wachsenden Unmut über das Programm des Deutschen Fernsehens Luft. Das Fernsehen als solches war nach wie vor beliebt. Die Zuschauer wollten nicht weniger Fernsehen, sondern mehr Abwechslung. Einigkeit bestand in dem Wunsch nach einem zweiten Programm.

Unzufriedene Zuschauer
»Man müsste annehmen, dass mit der rapiden Zunahme der Fernseh-Zuschauer auch das Programm des Deutschen Fernsehens eine entsprechende Steigerung und Verbesserung erfährt. Statt dessen sind eher negative Merkmale festzustellen. Das Zweite Programm lässt immer noch auf sich warten. Die Kritiken am Programm werden immer lebhafter. Die vielen Wiederholungen, die mangelhafte Bildqualität der überhandnehmenden Aufzeichnungen, die Fortsetzungsserien der Fernsehspiele verleiden einem die Freude am Fernsehen. So wird der Wunsch lebhaft, sich in die Programme der Österreicher oder der Schweizer einschalten zu können.«
(F. J. aus Stuttgart in einem Leserbrief an die Zeitschrift »Hör Zu«, Nr 23/1959)

Im Anschluss an das »Fernseh-Urteil« wurde zunächst diskutiert, ob die Rundfunkanstalten der ARD ein zweites Programm ausstrahlen oder ob die Länder und der Bund einen Staatsvertrag abschließen sollten. Schon am 17. März 1961 fassten die Ministerpräsidenten der Länder den grundsätzlichen Entschluss, ein zweites Programm nicht den ARD-Rundfunkanstalten zu überlassen. Es sollte eine eigenständige gemeinnützige Anstalt des öffentlichen Rechts gegründet werden, die auf einem Länder-Staatsvertrag basiert. Die Sendungen dieser zentralen Rundfunkanstalt sollten bundesweit – und soweit möglich auch in der DDR – empfangen werden können.

Die Ministerpräsidenten der Länder bei den Beratungen über den Staatsvertrag zur Gründung des ZDF.

Der damalige rheinland-pfälzische Ministerpräsident Peter Altmeier spielte bei der Gründung des Zweiten Deutschen Fernsehens (ZDF) – eine entscheidende Rolle. Er übernahm den Vorsitz der vorbereitenden Kommission, die im März 1961 eingesetzt wurde. Der ZDF-Staatsvertrag wurde von den Ministerpräsidenten der Länder bereits am 6. Juni in Stuttgart unterzeichnet. Nach dem Verfassungsurteil war kaum mehr als ein Vierteljahr vergangen, was verdeutlicht, mit welcher Eile gearbeitet wurde. Der Vertrag trat am 1. Dezember in Kraft. Nur der bayrische Landtag ließ sich mit der Zustimmung noch Zeit. Er bestätigte erst am 26. Juni 1962 den Staatsvertrag.

Fernsehrat, Verwaltungsrat und Intendant waren als Organe des ZDF vorgesehen. Gemäß Staatsvertrag sollte das ZDF-Programm objektive Überblicke über das Weltgeschehen und dabei insbesondere über die Situation Deutschlands vermitteln. Auch sollten die ZDF-Sendungen der Wiedervereinigung der beiden deutschen Staaten dienen.

Während die ARD-Anstalten für das Werbegeschäft Tochtergesellschaften gegründet hatten, fiel die Werbung per Staatsvertrag direkt in die Zuständigkeit des ZDF. Täglich zwischen 18 und 20 Uhr waren maximal 20 Minuten Werbefernsehen festgeschrieben. Neben den Werbeeinnahmen sollten Gebühren zur Finanzierung des neuen Senders beitragen. Dafür sollten die ARD-Anstalten dem ZDF ab dem 1. Januar 1962 30

Prozent des Gesamtaufkommens an Rundfunkgebühren zur Verfügung stellen.

Produktion und Programmgestaltung sollten zentral organisiert werden. Strittig war bis zum Juni 1961, wo das ZDF seinen Sitz bekommen sollte. Schließlich stimmten sechs Ministerpräsidenten für Mainz und fünf für Düsseldorf. Für den Sendebeginn des neuen Programms war ursprünglich der 1. Juli 1962 vorgesehen, bis dahin sollten ARD-Anstalten ein »Kontrastprogramm zum ersten Fernsehprogramm« anbieten. Dieses Programm wurde ab 1. Juni 1961 ausgestrahlt. Der Hessische Rundfunk hatte bereits einen Monat zuvor mit einem zweiten Programm begonnen. Das Gemeinschaftsprogramm konnten die Landesrundfunkanstalten mit landesspezifischen Sendungen ergänzen.

Angesichts des knapp bemessenen Zeitraums von nur einem Jahr bis zum vorgesehenen ZDF-Programmstart musste rasch eine eigene Geschäftsleitung aufgebaut werden. Erster Geschäftsführer wurde der spätere langjährige Justiziar des ZDF, Professor Ernst W. Fuhr. Eine der wichtigsten Aufgaben der provisorischen Geschäftsleitung bestand darin, die von der »Freies Fernsehen GmbH« mittlerweile in Eschborn aufgebaute Technik und die dort schon produzierten Sendungen zu übernehmen.

Im Dezember 1961 konnte schließlich der ZDF-Fernsehrat zusammengestellt werden. Die 66 Mitglieder setzten sich zusammen aus 15 Vertretern des Bundes und der Länder, neun Parteivertretern, jeweils zwei Vertretern der evangelischen und der katholischen Kirche, einem Vertreter des Zentralrats der Juden in Deutschland, drei Gewerkschaftsvertretern, zwei Vertretern der Arbeitgeberverbände sowie Repräsentanten der Wohlfahrtsverbände, Kommunen, Vertretern der Bereiche Erziehung und Bildung, Wissenschaft und Kunst sowie Vertretern des Sports, der Vertriebenen, der Freien Berufe, Familien-, Frauen und Jugendarbeit. An der konstituierenden Sitzung des Fernsehrats am 6. Februar 1962 nahmen nur 65 Mitglieder teil, weil Bayern den Staatsvertrag noch nicht abgesegnet hatte.

Zum Vorsitzen des Fernsehrats wurde Walter Wülfing gewählt. Als Vertreter des Deutschen Sportbundes stand er zwischen den beiden Parteiblöcken und galt als Person mit wenig Fernsehkenntnissen. Rainer Barzel (CDU) und Jockel Fuchs (SPD) übernahmen die Ämter der Stellvertreter.

Sehr schnell bildeten sich innerhalb des Fernsehrates entsprechend jeweiliger Parteizugehörigkeit sogenannte »Freundeskreise«, so dass die Einflussnahme der politischen Parteien von Anfang an groß war. Noch heute sind die »Freundeskreise« von CDU/CSU und SPD im 77-köpfigen Fernsehrat wie auch im Verwaltungsrat tonangebend.

Karl Holzamer mit einer der ersten ZDF-Kameras in Mainz 1996. Der Hintergrund zeigt das schlammige Studiogelände des ZDF in Eschborn.
Zoom-Objektive gab es 1963 noch nicht. Darum war an der Kamera eine Scheibe mit Objektiven verschiedener Brennweiten angebracht.

Drei Wochen nach der ersten Sitzung des Fernsehrats trat der Verwaltungsrat erstmals zusammen. Den Vorsitz übernahm der rheinland-pfälzische Ministerpräsident Peter Altmeier. Zum Gründungsintendanten des ZDF wurde der Pädagogikprofessor Karl Holzamer gewählt. Holzamer, der über journalistische Erfahrungen verfügte, war zuvor langjähriger Vorsitzender des SWF-Rundfunkrates gewesen. Er leitete das ZDF bis 1977 und hat dem Sender von Anfang an ein eigenes Profil verliehen. Holzamer stand vor dem Problem, innerhalb weniger Monate eine Programmproduktion auf die Beide stellen zu müssen. Die ARD besaß acht Landesrundfunkanstalten, die ihre Fernsehabteilungen über Jahre hinweg aufgebaut hatten. Nun sollte aber ein zentraler Fernsehbetrieb in Windeseile eine komplette Programmversorgung sicherstellen. Die von der FFG vorproduzierten Sendungen waren dabei keine Hilfe, da sie größtenteils kaum sendbar waren. Zuvor hatte schon die ARD das Material abgelehnt.

So musste die Planung, am 1. Juli 1962 mit dem ZDF-Programm zu starten, korrigiert werden. Die

ARD wurde beauftragt, ihr zweites Programm noch so lange fortzuführen, bis das ZDF schließlich sein bundesweites Fernsehprogramm starten konnte. Inzwischen hatten sich ARD und ZDF auch nach längeren Verhandlungen in einem Koordinierungsabkommen darauf einigen können, dass das ZDF sein Programm dem Deutschen Fernsehen, also dem ARD-Programm, anpasst. Unterzeichnet wurde dieses Abkommen am 27. März 1963, wenige Tage vor Sendebeginn des ZDF.

Programmstart des ZDF in Eschborn

Die erste Sendung des ZDF lief am 1. April 1963 pünktlich ab 19.30 Uhr über die Bildschirme. Die ARD hatte Konkurrenz bekommen und in der Geschichte des deutschen Fernsehens begann eine neue Phase. Das allgemeine Interesse am noch jungen Medium Fernsehen war ungebrochen. Fernsehapparate wurden inzwischen in Millionen-Stückzahlen verkauft. Damit hatte das ZDF von Anfang an ein stattliches Publikum, das zudem schon fernseherfahren war und Vergleiche mit dem ersten Programm ziehen konnte. Entsprechend hoch waren die Erwartungen an das neue Vollprogramm. Trotz Millionenpublikums waren es seinerzeit nur knapp über 40 Prozent der Fernsehzuschauer, die das zweite Programm empfangen konnten. Wer damals ein »altes« Gerät aus den 50ern besaß, musste

Programmstart

»Es ist soweit! Wer heute Abend das zweite Programm einschaltet (auf dem selben Kanal wie bisher), erlebt eine Premiere: Eine neue Anstalt stellt sich zum erstenmal vor – mit einem neuen Senderkennzeichen und einem eigenen Programm. Ihr Name: Zweites Deutsches Fernsehen (ZDF). Ihr Sitz: Mainz. Ihr Intendant Prof. Dr. Karl Holzamer. Sie wird von jetzt an das gesamte zweite Programm formen und senden. Selbstständig, unabhängig und in Konkurrenz mit dem ersten Programm. Millionen Fernseher erwarten davon neues Leben, neuen Schwung, neue Ideen. Neue Sendezeiten, die von den bisherigen abweichen, haben wir schon: Sendebeginn werktags 18.40 Uhr. ZDF-Nachrichten HEUTE täglich 19.30 Uhr. Beginn des Abendprogramms 20.00 Uhr. Somit hat das Provisorium im zweiten Programm ein Ende. Die neun in der Arbeitsgemeinschaft der Deutschen Rundfunkanstalten (ARD) zusammengeschlossenen Funkhäuser, die das zweite Programm bisher mitgestalteten (oft mit der linken Hand), können ihre gesamte Kraft jetzt dem ersten Programm zuwenden. Wir sind fest davon überzeugt, dass das schon bald spürbar wird«.

(Karl Holzamer in der Zeitschrift »Hör Zu«, Nr. 13/1963)

Ein UHV-Konverter, wie sie Anfang der 60er Jahre modern waren

einen UHF-Konverter anschaffen, um das zweite Programm sehen zu können. Diese Einschränkung minderte zunächst noch die Werbeeinnahmen.

Das ZDF ging mit den »Heute«-Nachrichten auf Sendung. Intendant Holzamer eröffnete das Programm mit einer Begrüßungsrede, anschließend sprach Bundesratspräsident Kurt Georg Kiesinger. Im Anschluss an die Nachrichten folgte ab 20.00 Uhr eine Viertelstunde mit Goethes »Vorspiel auf dem Theater« aus dem berühmten »Faust«. Von der Ansagerin Victoria Voncampe durch das abendliche ZDF-Programm geführt, durften sich die Zuschauer ab 20.15 an der »Berlin-Melodie« erfreuen. »Vom Zille-Ball zum Jazz-Lokal« lautete das Motto der ersten 90-minütigen Musik-Revue des ZDF. Zu den Stars dieses bunten Abends zählten neben vielen anderen Lex Barker, O. W. Fischer, Edith Hanke, Curd Jürgens, Hildegard Knef, Lilo Pulver und Rudolf Schock.

Der Premiere-Abend des ZDF war gelungen, allerdings hätte ein Blick hinter die Kulissen der jungen Sendeanstalt ein weniger erfreuliches Bild ergeben: »Telesibirsk« wurde das ZDF-Studiogelände in Eschborn bei Frankfurt spöttisch genannt. Und das nicht ohne Grund, denn das »Provisorium« des zweiten Programms hatte mit dem Programmstart noch längst kein Ende gefunden. Untergebracht waren die barackenartigen Studios auf dem Gelände eines ehemaligen Bauernhofs. Die Ansagerinnen Victoria Voncampe und Edelgard Stössel kampierten im Wohnwagen. Man versank im Schlamm, sobald es regnete. Ein Schweinestall wurde unfunktioniert, um daraus am 24. August 1963 das erste »Aktuelle Sportstudio« zu senden. Moderiert wurde die Sendung von Harry Valérien, Wim Thoelke und Rainer

Edelgard Stössel, umgeben von Mainzelmännchen.

Das »Aktuelle Sportstudio«: Harry Valérien, Wim Thoelke und Rainer Günzler (v. l.) an der Torwand während der Internationalen Funkausstellung 1967.

Günzler. Neu war die Art der Interviewführung: Sah der jeweils Sprechende bisher stets in die Kamera, entstand nun der Eindruck, die Kamera sei ein unsichtbarer Beobachter eines Gesprächs. Die berühmte Sportstudio-Torwand gibt es seit 1966.

Eine Verbesserung der Arbeitsbedingungen brachte schließlich der Umzug nach Wiesbaden, wo am 1. April 1964 der Sendebetrieb aufgenommen wurde. Noch im selben Jahr erwarb das ZDF von der Stadt Mainz das Gelände für ein neues Sendezentrum im Stadtteil Lerchenberg. Bis zur Fertigstellung des dortigen Redaktions- und Verwaltungsgebäudes sollten allerdings noch zehn Jahre vergehen.

In der Startphase musste überall improvisiert werden. Nicht nur, dass die Zeit knapp war, das ZDF war auch knapp bei Kasse. Zwar standen im ersten Jahr

»Telesibirsk« in Eschborn: die ersten provisorischen Studios des ZDF.

etwa 90 Millionen DM an Fernsehgebühren zur Verfügung, doch die Kosten der Anstalt lagen bedeutend höher. Die Werbeeinnahmen reichten noch nicht aus, um den Kostenüberhang von etwa 80 Millionen DM auszugleichen. So hatte das von der ARD belächelte ZDF bis Ende 1964 eine Kreditschuld von 100 Millionen DM angehäuft. Die Länderregierungen mussten eingreifen und sie verpflichteten die ARD zur Zahlung der Kreditzinsen bis 1970. Wachsende Gebühren- und Werbeeinnahmen trugen dazu bei, dass das ZDF vom anfänglichen Schuldenberg wieder herunterkam und schwarze Zahlen schreiben konnte. Was in Eschborn in umgebauten Baracken begann, ist zu einer Erfolgsgeschichte geworden, die ihresgleichen sucht: Das ZDF ist inzwischen zu einer der finanzstärksten Fernsehanstalten Europas herangewachsen.

Gesellschaft und Fernsehen im Aufbruch

Die 60er und frühen 70er Jahre waren eine Epoche tiefgreifender politischer und gesellschaftlicher Veränderungen. 1963 endete die »Adenauer-Ära«. Die Zeit des »Wirtschaftswunders« fand spätestens mit der Rezession von 1967 ihr Ende. Ein Jahr später sollten die 68er bisherige Wertvorstellungen gründlich in Frage stellen. Mit der Kanzlerschaft Willy Brandts ab 1969 wiederum änderte sich die Ost-Politik. Es vollzog sich ein Klimawechsel in Richtung Annährung mit dem Ziel der Ostverträge.

In diese Zeit fällt der massive Ausbau des Programmangebots. Die 60er Jahre gelten als »Phase der Professionalisierung der Fernseharbeit«. Dazu gehörte, dass ARD und ZDF bereits im April 1963 begannen, Zuschauerforschung zu betreiben. Das Fernsehen wollte auf die Gesellschaft aufklärend und verändernd einwirken. Ein wichtiges Thema war das Ost-West-Verhältnis.

SED-Parteichef Walter Ulbricht befahl in der Nacht zum 13. August 1961, die Sektorengrenze in Berlin zu schließen. Damit sollte verhindert werden, dass mehr und mehr Menschen der SED-Diktatur davonliefen. Sofort wurden Barrikaden errichtet und Stacheldraht

1963

1968

1974

1980

1992

2006

gespannt. Am Morgen des 18. August begann der Mauerbau. Während in der offiziellen DDR-Propaganda vom »antifaschistischen Schutzwall« die Rede war, wurde am 24. August der erste Flüchtling bei seinem Versuch, nach Westberlin zu gelangen, erschossen. Weitere Todesopfer sollten folgen. Als Reaktion auf den Mauerbau startete die ARD ein Programm, das über leistungsstarke Sender an der Grenze zur DDR ausgestrahlt wurde. Der Sender Freies Berlin, SFB, war dabei federführend. Er sendete gemeinsam mit dem NDR vormittags ein Programm »für die Bewohner der sowjetischen Besatzungszone und des sowjetischen Sektors von Berlin«, um die Bewohner Ost-Berlins und der DDR mit Informationen zu versorgen.

Zu den brisantesten innenpolitischen Ereignissen des Folgejahres zählte die »Spiegel-Affäre«. In einem Bericht des Nachrichtenmagazins »Der Spiegel« über die schlechte Lage der Bundeswehr hatte der stellvertretende Chefredakteur und Militärexperte des Blattes, Conrad Ahlers, angeblich streng geheime Militär-Dokumente verarbeitet. In Hamburg wurden am 26. Oktober 1962 die Räume des »Spiegel« durchsucht. Ahlers wurde unter dem Vorwurf des Landesverrats verhaftet. Herausgeber Augstein stellte sich anschließend der Polizei und landete in Untersuchungshaft.

Verteidigungsminister Franz-Josef-Strauß gab zunächst vor, mit der Affäre nichts zu tun haben, räumte dann aber ein, die Verhaftung veranlasst zu haben. Sowohl das NDR-Magazin »Panorama« als auch »Report« – gemeinsam von BR, SDR und WDR produziert – berichteten in mehreren Sendungen sehr ausführlich. Neben großem Zuschauer-Interesse ernteten die beiden Magazine massive Kritik der beteiligten Politiker.

Eine Karikatur zur Spiegelaffäre, 1962.

So alt wie das ZDF sind auch die berühmten Mainzelmännchen. Der 2. April 1963 gilt als ihr offizieller Geburtstag. Sie sorgen mit ihren Späßen für lustige Unterhaltung zwischen den einzelnen vorabendlichen Werbespots des ZDF. Das typisch mainzelmännische »Gu'n Aaamd« zählt wohl zu den bekanntesten Begrüßungen des deutschen Fernsehens.

Der Grafiker und Bühnenarchitekt Wolf Gerlach hatte damals die Idee zu den sechs witzigen Figuren Anton, Berti, Conni, Det, Edi und Fritzchen. Die Namen hatte sich Gerlach spontan dem Alphabet nach einfallen lassen.

Natürlich hat jeder der Winzlinge auch seinen eigenen Charakter: Anton ist der nimmersatte Genießer unter den Mainzelmännchen, Berti ist besonders fleißig und technisch bestens bewandert. Conni ist musisch veranlagt und eher der Künstler. Det ist belesen und der schlauste von allen. Er ist auch der Chef der lustigen Truppe. Edi ist der schelmische Schöngeist und Fritzchen ist von allen der sportlichste.

Zunächst gab es die Strolche nur in Schwarzweiß, da kein Farbfernsehen existierte. Erst seit 1967 sind die kleinen Männchen bunt. Von Anfang an hat die Wiesbadener »Neue Film Produktion GmbH« – NFP – den witzigen Kultfiguren Leben eingehaucht. Noch heute werden sie dort von Chefzeichner Jürgen König und dessen Team von der ersten Bleistiftskizze bis hin zum fertigen Spot produziert. Allerdings wird dabei schon längst auch mit dem Computer gearbeitet.

An der Entstehung der kleinen Freunde war auch Gründungsintendant Karl Holzamer beteiligt. Ersten Entwürfen Gerlachs verlieh er mehr Freundlichkeit, indem er Mundwinkel, die ihm zu weit heruntergezogen erschienen, kurzerhand nach oben drehte.

Schon 1980 gab es kleinere Veränderungen an den Mainzelmännchen und in den 90ern wurden sie wiederum dem Zeitgeist angepasst. So bekam das sportliche Fritzchen ein Stirnband und kurze Hosen. Bis zum 40. Jubiläum 2003 wurden mehr als 40.000 Spots produziert – das sind 40 Stunden Mainzelmännchen-

Die Mainzelmännchen der frühen 60er Jahre in Schwarzweiß.

Mainzelmänchen-Erfinder Wolf Gerlach, 1998.

Späße. Mittlerweile haben die kleinen ZDF-Helden auch schon einige Preise gewonnen: Für mehr als neun Millionen verkaufter Figuren gab es den »Goldenen Mainzelmann« und für die mehr als eine halbe Million verkaufter Tonträger die »Goldene Schallplatte«. Außerdem sind die Mainzelmännchen Gewinner des »Fernseh-Mythos-Preises« des WDR.

2003 wurden sie von der Frankfurter Design-Agentur Simon & Götz gründlich überarbeitet. Die Neuauflage der kleinen Wichte ist seit Anfang Dezember 2003 zu sehen. »Sie gehen in Richtung des Manga-Trickfilms, sind eckiger und haben stärkere Konturen«, heißt es beim ZDF. »Frischer, fröhlicher und viel frecher« beschreibt König die neuen Figuren. Auch deren Utensilien haben sich geändert. Tennisschläger, Trompete und Notizblock sind Rennrad, Handy und Notebook gewichen.

Das gefiel nicht allen Zuschauern. Mit dem Erscheinen der japanisch anmutenden neuen Wichte regte sich heftige Kritik im Internet. Unter dem Motto »Helft den Mainzelmännchen« hat der Frankfurter Marco Corzani zum Massenprotest aufgerufen. Bis Ende 2006 hatte er eigenen Angaben zufolge fast 25.000 Protestmails registrieren können. Auch die Presse hatte sich des Themas angenommen. Das ZDF sieht jedoch keinen Grund, die neue Gestalt der Knirpse wieder zu andern.

Seit Herbst 2003 haben die Mainzelmännchen eine eigene Zeichentrickserie – »Die Mainzels« – im sonntäglichen Kinderprogramm »tivi«. Die Mainzelmännchen sind übrigens auch schon längst »online« gegangen. Auf der Seite www.zdf.de führt ein Klick auf »Über das ZDF« direkt zu den lustigen Gesellen.

Die Mainzelmännchen heute.

Ab dem 5. April 1963 berichtete die ARD im »Bericht aus Bonn« regelmäßig über das politische Geschehen der damaligen Bundeshauptstadt. Etwa zur selben Zeit bekamen die Auslandskorrespondenten der ARD mit dem »Weltspiegel« eine eigene Sendung.

Das bis dahin größte Fernsehspektakel begann am 23. Juni 1963. US-Präsident John F. Kennedy kam zum Staatsbesuch in die Bundesrepublik. In Berlin wurde Kennedy als Symbol für die Freiheit des Westens gefeiert. Seine Rede vor dem Schöneberger Rathaus beendete der amerikanische Präsident auf Deutsch mit den Worten »Ich bin ein Berliner«. Die Fernsehanstalten wetteiferten darin, alles aufzubieten, was seinerzeit im Bereich der Live-Berichterstattungen machbar war. Allein die ARD setzte 12 Übertragungswagen und 40 elektronische Kameras ein, um 17 Stunden lang von dem Großereignis zu berichten.

Im Spätsommer 1963 war erstmals das Wirtschaftsmagazin »Markt« – der Vorgänger von »Plusminus« – im Deutschen Fernsehen zu sehen. Ebenfalls erwähnenswert ist »Der Kommentar«, der ab Mai 1964 auf Sendung ging und ab Oktober 1967 in die Spätausgabe der Tagesschau eingefügt wurde.

Das Fernsehen setzte zudem zunehmend auch auf Bildung, und das aus gutem Grund. Fernsehen war inzwischen »in«. 1964 wurde in der Bundesrepublik das 10.000.000. Fernsehgerät angemeldet. Angesichts einer solchen Größenordnung gab es auch für Bildungssendungen ein entsprechend gestiegenes Publikumsinteresse.

Ab dem 14. September 1964 begann der Bayrische Rundfunk als erste Anstalt der ARD, Schulfernsehen auszustrahlen. Nur wenige Tage später begeisterte der Bayrische Rundfunk die Freunde der italienischen Sprache mit einem weiteren Novum: »Benvenuti in Italia« war der erste in Deutschland produzierte Fernsehsprachkurs überhaupt.

Mit dem »Studienprogramm des BR«, dem späteren Bayrischen Fernsehen, startete am 22. September 1964 das erste Dritte Programm der Landesrundfunkanstal-

Für den »Weltspiegel« berichteten ab 1963 Peter Scholl-Latour (WDR) aus Paris (links) und Thilo Koch (rechts) vom NDR aus Washington. Weitere ARD-Korrespondenten gab es in Belgrad, London, Neu Delhi, New York, Rom und Tokio.

ten. Schon am 5. Oktober folgte der Hessische Rundfunk. Als am 4. Januar 1965 NDR, RB und SFB mit ihrem Dritten Programm – dem späteren Norddeutschen Fernsehen N3 – starteten, waren in der Bundesrepublik schon über zehn Millionen Fernsehapparate angemeldet. Der WDR ging mit seinem Dritten Programm am 17. Dezember 1965 auf Sendung, während »Südwest3«, ein Gemeinschaftsprojekt von SR, SRD und SWF noch bis zum 5. April 1969 auf sich warten ließ.

Mit der wachsenden Programmvielfalt änderte sich das Freizeitverhalten der Menschen, in dem das Fernsehen einen immer größeren Raum einnahm. Der gemeinsame Fernsehabend wurde zur Selbstverständlichkeit. Das Medium konnte in stetig wachsendem Umfang Trends setzen und zudem für Gesprächsstoff zwischen Freunden und Bekannten, am Arbeitsplatz oder in der Schule sorgen.

Gab es schon die zeitkritischen ARD-Magazine »Panorama« und »Report«, ergänzte der WDR das informative Angebot ab dem 21. Mai 1965 mit dem ebenfalls zeitkritischen Magazin »Monitor«. Neu waren dabei die Live-Interviews mit Claus Hinrich Casdorff und Rudolf Rohlinger.

1965 begann auch die Zeit der Wunschkonzerte und großen Musiksendungen. »Meine Melodie« feierte am 24. Mai 1965 Premiere. Der von Radio Bremen produzierte »Beat-Club« – die erste Musiksendung des deutschen Fernsehens für Jugendliche – folgte nur wenige Monate später. Nach sieben Sendungen mit Gerd Augustin übernahm Uschi Nerke die Moderation bis 1972. In dieser Sendung waren alle Rocklegenden zu Gast, von Joe Cocker bis zu den Rolling Stones.

Radio Bremen brachte 1965 erstmals einen Show-Master ins deutsche Fernsehen, der zugleich als Sänger und Multitalent über Jahrzehnte hinweg das Publikum begeisterte: Rudi Carell war damals mit der »Rudi Carell Show« zu sehen, 1974 abgelöst durch »Am laufenden Band«.

Am 4. September 1965 übertrug der Hessische Rundfunk erstmalig eine kurze Sendung, die noch heute millionenschwer und von zahllosen Fernseh-Zuschauern wieder und wieder hoffnungsvoll erwartet wird: die »Ziehung der Lottozahlen«.

Rudi Carell (1934–2006) 1976 in seiner Show »Am laufenden Band«. Als Publikumsgag ließ sich Boxlegende und Weltmeister Muhammed Ali als Gast der Sendung von einer Kandidatin k.o. schlagen.

Um eigene Spielfilme anbieten zu können, hatte die ARD in Frankfurt am Main eine eigene Filmredaktion aufgebaut, die im Januar 1965 ihre Arbeit aufnahm. Zeitgleich einigten sich ARD und ZDF über die Zusammenarbeit beim Vormittagsprogramm. Diese Kooperation in Form einer gemeinsamen ARD/ZDF-Redaktion dauerte bis 1998.

Ansonsten herrschte seit Sendebeginn des ZDF ein Wettbewerb um die Zuschauer. Und dabei hatte auch das ZDF schon früh eigene Quiz- und Spielsendungen zu bieten. Vor allem Spielfilme sollten das Publikum am Bildschirm fesseln. Über 80 Spielfilme hat das ZDF allein 1965 gesendet. Mit dem Kauf von Kinofilmen konnten dem Publikum daheim nicht nur beliebte Kinogrößen präsentiert werden, vor allem wurden Kosten eingespart. Die Produktion eines Fernsehfilms kostete damals mit etwa 300.000 DM gegenüber dem Einkauf einer Kinoproduktion das Zehnfache.

Mit einem besonders gelungenen

Ben Cartwright (Lorne Greene) als Chef der Ponderosa in »Bonanza«.

Einkauf hatte das ZDF eine amerikanische Kultserie in Deutschlands Wohnzimmer gebracht, die vor allem Kinder begeisterte. Der kluge Delphin »Flipper« erlebte in der gleichnamigen US-Fernsehserie zusammen mit seinen Freunden Sandy (Luke Halpin) und Bud (Tommy Norden) vor der Küste Floridas allerlei Abenteuer. Vom 1. Januar bis zum 9. März 1969 wurden 75 Folgen ausgestrahlt. Danach folgten bis Mai 1972 regelmäßige Wiederholungen. US-Unterhaltungsserien waren also schon in den 60er Jahren Publikumslieblinge. Dabei durften auch Western nicht fehlen: »Bonanza« – zu Deutsch »Goldgrube« – wurde auf Umwegen zur Kultserie. Die Cartwright-Familie mit Vater Ben, den Söhnen Hoss, Adam und Little Joe sowie dem Koch Hop-Sing waren mit ihren Abenteuern rund um die Ponderosa-Ranch zunächst ab 1962 in der ARD zu sehen, ab 1967 ging es dann im ZDF-Sonntagsprogramm weiter.

Einen Monat nach Flippers Fernsehstart feierte ein Dauerbrenner des deutschen Fernsehens sein Debüt: »Der 7. Sinn« zeigt seit dem 4. Februar 1966 lebensnah, worauf beim Autofahren dringend geachtet werden sollte. Die actionreiche Sendung mit ihren Tipps zur Verkehrssicherheit wird vom WDR produziert.

Beim ZDF waren übrigens ab 1963 die »Tipps für Autofahrer« zu sehen. Alfred Biolek hatte dort seinen ersten Fernsehauftritt.

Diese beiden Sendungen sind Beispiele für eine Fernseh-Entwicklung, die in den 60er Jahren die Gestalt heutiger Ratgeber-Sendungen vorwegnahm. In den 50ern waren Ratgebersendungen vorwiegend an die Hausfrau gerichtet. Dabei wurde das damalige konservative Frauenbild ebenso deutlich transportiert wie in der Werbung. Mit den 60er Jahren aber wurde das Spektrum der Ratgebersendungen deutlich erweitert – nicht zuletzt auch, weil das Publikum sich rasant vergrößert hatte und entsprechendes Interesse bestand.

Gleiches gilt für Wissenschaftssendungen. »Fernsehprofessor« Heinz Haber zählt hier zu den unvergesslichen TV-Größen des ZDF. Nicht nur Habers »Unser blauer Planet« wurde zum Riesenerfolg. »Professor Haber experimentiert«, erstmals am 2. März 1968 im ZDF ausgestrahlt, war ebenfalls ein Klassiker der 60er Jahre. Haber war ein Meister darin, komplizierte wissenschaftliche Tatsachen so zu erklären, dass auch ein Laie ihn verstand. Hunderte von Mausefallen, gespannt und mit Ping-Pong-Bällen bestückt, waren das anschaulichste Beispiel des Fernsehens, um eine atomare Kettenreaktion zu erklären. Haber gewann die Adolf-Grimme Preise der Jahre 1965 und 1967 und wurde 1965 mit der »Goldenen Kamera« ausgezeichnet.

Ab 1964 produzierte auch Hoimar von Ditfurth populärwissenschaftliche Sendungen – zunächst beim WDR. Dort bekam er aber die gewünschten sechs Sendungen pro Jahr nicht bewilligt. So ging er zum ZDF, wo er von 1971 bis 1983 »Querschnitt« moderierte. Die Sendung war mit bis zu 10 Millionen Zuschauern eines der bekanntesten Wissenschaftsmagazine des deutschen Fernsehens und Vorbild für eine Vielzahl an Nachfolgesendungen verschiedener Anstalten.

Captain Kirk, Mr. Spock und die Mannschaft im Transporterraum des Raumschiffs Enterprise. Von dort aus wurden Mitglieder der Crew auf fremde Planeten und Raumschiffe gebeamt.

Neben der Wissenschaft eroberte auch die »Science-Fiction« das Fernsehen der 60er Jahre. Die erste eigenproduzierte Science-Fiction-Serie des deutschen Fernsehens sorgte ab September 1966 in sieben Episoden für Furore. »Raumpatrouille – Die phantastischen Abenteuer des Raumschiffs Orion« mit Dietmar Schönherr als Kommandant Cliff Allister McLane und Eva Pflug als Leutnant Tamara Jagellovsk in den Hauptrollen avancierte mit Einschaltquoten von bis zu 56 Prozent sofort zum Publikumsliebling.

Ebenfalls 1966 startete in den USA das »Raumschiff Enterprise« mit Captain James T. Kirk und dem spitzohrigen Vulkanier Spock. Raumschiff Enterprise ging ab 1972 beim ZDF auf Erfolgskurs.

Zum Fernsehalltag der 60er Jahre gehörten auch immer wieder Bilder von weltbewegenden Krisen und Kriegen. Das gut ausgebaute Netz an Korrespondenten und bessere technische Möglichkeiten sorgten für aktuelle und präzise Informationen. Am 5. Juni 1967 begann der Sechstagekrieg zwischen Israel, Ägypten, Syrien und Jordanien. Das Fernsehen berichtete regelmäßig in Sondersendungen über die Ereignisse des dritten arabisch-israelischen Kriegs, in dem die arabischen Armeen nach sechs Tagen geschlagen waren.

Am 2. Juni 1967 erschütterte ein Schuss in Berlin die gesamte Bundesrepublik: Bei einer Demonstration gegen den Besuch des Schahs von Persien wurde der 26-jährige Student Benno Ohnesorg von einer Polizeikugel tödlich getroffen. Dieses Ereignis bewirkte eine Radikalisierung der Studentenproteste. Roman Brodmann hatte die Vorgänge des 2. Juni mit der Kamera festgehalten. Dabei standen nicht die offiziellen Ereignisse im Fokus, sondern die Straßenschlachten zwischen Polizei, »Jubelpersern« und den Demonstranten. Mit seinem Beitrag »Der Polizeistaatsbesuch – Beobachtungen unter deutschen Gastgebern«, der am 26. Juli 1967 in der SDR-Reihe »Zeichen der Zeit« ausgestrahlt wurde, schuf Brodmann ein preisgekröntes Dokument deutscher Zeitgeschichte.

Dass Fernseh-Berichterstattungen aus Krisenregio-

Der »Polizeistaats-besuch«, 1967.

nen tödlich enden können, zeigte sich am 18. November 1967. Der ARD-Auslandskorrespondent Walter Mechtel wurde bei seiner Arbeit ermordet, weil er über den Einsatz von Giftgas im jemenitischen Bürgerkrieg berichtet hatte.

Noch gegen Ende 1967 ging mit »Titel, Thesen, Temperamente« – produziert vom HR – erstmals im Ersten Deutschen Fernsehen ein Kulturmagazin auf Sendung. Bis dahin hatte es Kulturmagazine nur in den Dritten Programmen gegeben. Als Nachfolger der Reihe »Diesseits und jenseits der Zonengrenze« wurde ab dem 18. Januar 1968 »Kontraste« als politisches »Ost-West-Magazin« ausgestrahlt. Vormals vom SFB produziert, verantwortet seit dem 1. Mai 2003 der Rundfunk Berlin-Brandenburg (RBB) die Sendung. »Kontraste – Das Magazin aus Berlin« ist heute eine zeitkritische Reihe mit umfassenden Hintergrundinformationen. »Kein Infotainment, keine Politikerphrasen. Geht den Dingen auf den Grund: neugierig und mit sorgfältiger Recherche« – so beschreibt die Redaktion ihre Sendereihe.

Ins Entstehungsjahr der »Kontraste«-Sendung fielen zwei traurige Höhepunkte der politischen Entwicklung: Mit dem Mordanschlag auf den Studentenführer Rudi Dutschke am 11. April 1968 waren die innenpolitischen Auseinandersetzungen der Bundesrepublik weiter eskaliert, und am 21. August 1968 walzten Panzer des Warschauer Pakts die aufkeimende Demokratisierung der Tschechoslowakei, den »Prager Frühling«, gewaltsam nieder. Die »Tagesschau« wurde an diesem Tage auf eine ganze Stunde verlängert und berichtete ausführlich. Anschließend widmete sich besonders das Magazin »Kontraste« der Thematik.

In der Bundesrepublik des Jahres 1968 waren die Massenproteste der Studenten, die Außerparlamentarische Opposition (APO) sowie die Notstandsgesetze der Großen Koalition Kernpunkte eines gesellschaftlichen Umwälzungsprozesses, über den in den aktuellen und politischen Magazinen ausführlich berichtet wurde.

Von diesen Entwicklungen völlig unbeeindruckt blieb das Unterhaltungsprogramm der Sender. Eine der bekanntesten und beliebtesten Musik-Sendungen des ZDF wurde am 18. Januar 1969 zum ersten Mal ausgestrahlt und bis zum 15. Dezember 1984 von Dieter Thomas Heck moderiert – die »ZDF-Hitparade«. Die Erkennungsmelodie hatte James Last 1968 komponiert.

Eine technologische Meisterleistung besonderer Art bewegte die Menschen im Sommer 1969 nicht nur in Deutschland: Mit der ersten bemannten Mondlandung hatten die USA den jahrelangen Raumfahrt-Wettlauf gegen die Sowjetunion gewonnen. Genau am 21. Juli um 3.56 Uhr deutscher Zeit betrat Neil Armstrong als erster Mensch den Mond. Seinen berühmten Satz »That's one small step for (a) man, one giant leap for mankind« (Das ist ein kleiner Schritt für einen Menschen, aber ein großer Sprung für die Menschheit) haben weltweit unzählige Zuschauer gehört. Das Jahrhundert-Ereignis wurde auch im deutschen Fernsehen live übertragen. Damals glaubten viele Zuschauer ihren Augen nicht und noch heute ranken sich Verschwörungstheorien um die Mondlandung – auch darüber hat das Fernsehen schon berichtet.

Der Deutsche Fernsehfunk – ab 11. Februar 1972 »Fernsehen der DDR« – bescherte seinen Zuschauern noch im selben Jahr, passend zum 20. Jahrestag der DDR am 7. Oktober 1969, ein Zweites Programm, »DFF 2«.

Dieter Thomas Heck Anfang der 70iger Jahre.

Bilder, die ebenfalls um die Welt gingen und besonders auch in der DDR mitverfolgt wurden, zeigte die Tagesschau am 7. Dezember 1970. Bundeskanzler Willy Brandt, der einen neuen Kurs in der Ostpolitik realisierte, war nach Polen gereist und kniete vor dem Denkmal für die Opfer des Warschauer Ghettos. Brandts eigener Slogan »Mehr Demokratie wagen« lässt sich ohne weiteres als eine Grundtendenz dieser Epo-

Gebührenerhöhung
Gegen Ende der 60er Jahre sank die Zahl der Neuanmeldungen von Fernsehgeräten. Währenddessen aber stiegen die Produktionskosten der Fernsehanstalten stetig weiter. Um finanziellen Engpässen entgegenzuwirken, wurde über eine Erhöhung der Rundfunkgebühren diskutiert. Mit zwei Entscheidungen vom 15. März 1968 hatte das Bundesverwaltungsgericht zunächst festgestellt, dass die Rundfunkgebühren den Anstalten für deren Programmgestaltung zustehen und dass es nicht Sache der Post, sondern der Länder ist, die Gebühren festzusetzen. Noch 1968 wurden zwei Staatsverträge geschlossen, einer über die Regelung des Rundfunkgebührenwesens und eine weiterer über die Höhe der Rundfunkgebühr. Damit die Staatsverträge in Kraft treten konnten, waren langwierige Verhandlungen nötig. Anfang 1969 einigten sich die Ministerpräsidenten der Länder auf die erste Erhöhung der Rundfunkgebühren seit 1924 zum 1. Januar 1970. Für den Hörfunk waren 2,50 DM statt 2 DM zu zahlen und die Gebühren für das Fernsehen wurde von 5 auf 6 DM angehoben.

che beschreiben. Die kritische Auseinandersetzung mit gesellschaftlichen Entwicklungen erreichte schließlich auch die Politik- und Kulturredaktionen von ARD und ZDF. Magazine wie »Panorama«, Monitor« oder »Report Baden Baden« (seit 1998 »Report Mainz«) zählten dabei zu den Vorreitern des kritischen Journalismus.

Zahlreiche bisherige Tabu-Themen – auch jenseits der Politik – wurden nunmehr öffentlich diskutiert. Mit »Sterns Stunde« begann beispielsweise ganz in diesem Sinne am 13. Januar 1970 eine neue Tierreihe, die sich kritisch mit Themen aus der Natur und Tierwelt auseinandersetzte. Die Jagd, mangelndes Umweltbewusstsein, Massentierhaltung und Tierversuche wurden schonungslos unter die Lupe genommen.

»Sterns Stunde – Bemerkungen über den Rothirsch« – mit Horst Stern (links) und seinem Kameramann, im Tarnzelt 1970.

Mit inzwischen über 16 Millionen angemeldeten Geräten war die Fernseh-Öffentlichkeit bis

1971 beachtlich gewachsen. Als besonderes Stichwort zu den seinerzeit neuen und unbequemen Themenbereichen ist auch die »Sexuelle Revolution« zu nennen. Als am 31. Januar 1971 Rosa von Praunheims »Nicht der Homosexuelle ist pervers, sondern die Situation, in der er lebt« vom WDR ausgestrahlt wurde, war die Sendung überaus umstritten. Im Ersten Programm lief sie erst zwei Jahre später, wobei der BR sich währenddessen ausschaltete.

»Alte Zöpfe abschneiden« wollten währenddessen auch Dietmar Schönherr und Vivi Bach mit der ZDF-Spielshow »Wünsch dir was«. Erstmals am 20. Dezember 1969 ausgestrahlt, sorgte die bis Dezember 1972 in 24 Folgen produzierte österreichisch-deutsch-schweizerische Gemeinschaftsproduktion für Skandale wie kaum eine andere Unterhaltungssendung. Das »Wünsch-dir-was«-Team, zu dem auch André Heller und Guido Baumann zählten, entwickelte provokante und gesellschaftskritische Familienspiele »in alternativen Formen«. Drei Familien, jeweils eine aus Deutschland, Österreich und der Schweiz, traten gegeneinander an. Dabei wurde deren Belastbarkeit und die Fähigkeit, gemeinsam zu handeln, auf die Probe gestellt. Zusammenhalt und Wagemut waren bei dieser ersten »Game-Show« besonders gefragt. So musste etwa mit einer Riesenschlange hantiert oder über dünnes Eis gerobbt werden. Für einen Skandal reichte damals noch die allzu durchsichtige Bluse einer jungen Kandidatin.

Vivi Bach mit Kandidaten vor einer damals hochmodernen Monitorwand in »Wünsch dir was«

Der Presse des Jahres 1970 war dieser Auftritt zu »geschmacklos« und »anstößig«. Nicht weniger skandalös ein Spiel, bei dem eine Kandidatin sich in einem Auto in einem Wasserbecken versenken ließ und nicht mehr herauskam. Taucher mussten sie befreien.

Kleinbürgerliche Verhältnisse nahm Autor Wolfgang Menge ab Januar 1973 mit der Familienserie »Ein Herz und eine Seele« aufs Korn. »Ekel Alfred« Tetzlaff (Heinz Schubert) spielte den typischen reaktionären »Spießer« und Familienpatriarchen seiner Zeit, der gegen »Sozis« und Gewerkschaften wettert und seine Frau gerne mal als »dumme Kuh« tituliert. Besonders die ersten noch in Schwarzweiß gedrehten Folgen haben heute Kultstatus.

Vergleichsweise unspektakulär präsentierten sich die neuen Ratgeber-Sendungen, deren Vorgänger beim Publikum schon in den 60er Jahren auf reges Interesse gestoßen waren. Vor diesem Hintergrund ging die ARD am 3. Januar 1971 gleich mit einem ganz neuen Paket an den Start. Der »ARD-Ratgeber« begann mit Einzelsendungen zu den Themen »Geld«, »Gesundheit« sowie »Recht« und »Technik«. Inzwischen ist das Angebot auf Themen wie »Auto & Verkehr«, »Bauen und Wohnen«, Heim und Garten«, »Multimedia« oder auch »Reise« erweitert. Dabei sind die ARD-Ratgeber selbstverständlich auch im Internet vertreten.

Eine Sendereihe für Kinder, die heute zu den bekanntesten überhaupt gehört, ist die »Sendung mit der Maus«. Die Maus begeisterte die kleinen Zuschauer erstmals im März 1971. Seither ist sie jeden Sonntag im Ersten unterwegs. Ursprünglich hieß die vom WDR produzierte Sendung noch »Lach- und Sachgeschichten«. Nach einem Jahr wurde sie umbenannt. Eigentlich ist die »Sendung mit der Maus« eine Wissenssendung, die für Kinder im Vorschulalter bis zu Schulkindern der dritten Klas-

Die pfiffige und witzige Fernseh-Maus begeistert nicht nur Kinder. Eine ganze Generation ist mit ihr groß geworden.

Kultkrimi Tatort
Seit mehr als drei Jahrzehnten begeistert der »Tatort« die Krimiliebhaber. Die erfolgreichste Krimi-Reihe der ARD, die immer sonntags ab 20.15 Uhr ausgestrahlt wird, eröffnete der NDR am 29. November 1970. »Taxi nach Leipzig« hieß die erste Sendung, in der Walter Richter als Kommissar Trimmel ermittelte. An den Tatort-Sendungen beteiligten sich später auch das österreichische und das schweizerische Fernsehen. In weit mehr als 600 Folgen haben inzwischen über 70 Kommissare ermittelt. Noch heute beginnt der Tatort mit dem Vorspann der Erstsendung.
Dabei entwickelten sich Tatort-Ermittler wie Hansjörg Felmy als Kommissar Haferkamp, Götz George als Kommissar Schimanski, Fritz Eckhard als Oberinspektor Marek oder etwa Manfred Krug und Charles Brauer als Kommissare Stoever und Brockmüller zu unvergessenen Publikumslieblingen. Nicht nur beim deutschen Fernsehpublikum ist »Tatort« nach wie vor ein Renner. Die Serie ist weltweit in über 100 Länder verkauft worden.

se zugeschnitten ist. Tatsächlich jedoch besteht ein enorm hoher Zuschaueranteil aus Erwachsenen, die die Sendung noch aus ihrer eigenen Kindheit kennen. Die »Sendung mit der Maus« ist inzwischen mit bald 100 nationalen und internationalen Preisen ausgezeichnet worden. Auch die Maus ist schon längst im Internet vertreten.

Die »Sesamstraße« mit Ernie und Bert, dem Krümelmonster oder Kermit, dem Frosch ist eine weitere Sendung für Vorschulkinder mit Kultstatus. Nachdem die »Sesamstraße« seit November 1969 in den USA lief, wurde sie in Deutschland ab 1971 zunächst im Dritten Programm des NDR gezeigt. Am 8. Januar 1973 startete die »Sesamstraße« in allen dritten Programmen – ausgenommen dem des BR. Ursprünglich war die Originalfassung dazu gedacht, benachteiligten Kindern einen besseren Schulstart zu ermöglichen. Da bei den bayrischen Fernsehverantwortlichen seinerzeit die Meinung herrschte, in Bayern gäbe es keine »unterprivilegierten Kinder«, gab es auch keine »Sesamstraße«.

Bis 1975 wurden ausschließlich synchronisierte Versionen der amerikanischen Originalsendungen ausgestrahlt, die wenig deutsche Eigenbeiträge enthielten. Anfang 1978 startete die vom Studio Hamburg in Wandsbek produzierte »deutsche« Sesamstraße. Das Konzept wurde 1988 noch einmal gründlich überarbeitet. Neu an der Serie war, dass sie von Montag bis Donnerstag zwei Mal täglich ab 9.30 Uhr und ab 18.00 Uhr bzw. auch ab 18.30 Uhr gesendet wurde. 2003 änderte die ARD die Sendezeiten: Seither werden die Vorabendsendungen durch Frühfernsehen und Mittagstermine ersetzt. 1999 haben der NDR und der Children's Television Workshop, CTW (heute »Sesame Workshop«) einen Zehn-Jahres-Vertrag über die deutsche Ausstrahlung bis 2010 unterschrieben.

Es galt bereits früh, nicht nur Fernsehen mit Sendungen *für* Kinder und Jugendliche zu machen, sondern das Fernsehen als solches so zu gestalten, dass Kinder und Jugendliche vor verschiedenen Darstellungen – etwa der Gewalt – geschützt werden. Schon zu Beginn der 70er Jahre waren Gewaltdarstellungen im Fernsehen Thema etlicher Diskussionen. »Schlagwort ›Gewalt im Fernsehen‹« hieß eine im Dezember 1971 von der Programmdirektion des Ersten Deutschen Fernsehens herausgegebene Broschüre. Nahezu zeitgleich wurde das Thema auch Gegenstand einer Expertenanhörung im Bundestag. Am 12. und 13. Juni 1972 diskutierten Vertreter von ARD und ZDF auf einer Fachsitzung über das Dauerthema Gewalt.

Nur wenige Monate später war es ein realer Gewaltakt, der ein sportliches Weltereignis in ein politisches verwandelte: Vom 26. August bis zum 9. September 1972 fanden in München die Olympischen Spiele statt. Für ARD und ZDF war dieses Sportereignis fernsehtechnisch gesehen eine Herausforderung, wie es sie zuvor noch nie gegeben hatte. Gemeinsam richteten beide das »Deutsche Olympia Zentrum« (DOZ) ein, um Rundfunkanstalten aus aller Welt die nötigen Produktionseinrichtungen zur Verfügung zu stellen. Ab dem Morgen des 5. September stand jedoch nicht mehr der Sport im Mittelpunkt weltweiter Fernsehübertragung, sondern die Geiselnahme elf israelischer Athleten durch palästinensische Terroristen. In zahlreichen Nachrichten- und Sondersendungen wurde weltweit live berichtet. Der misslungene Befreiungsversuch zeigte, dass die damalige Polizei völlig überfordert war. Noch im September 1972 folgte die Gründung der An-

Noch ein »Fernseh-urteil«
In die Zeit der 60er und frühen 70er Jahre fällt auch ein weiteres Verfassungsurteil zum Fernsehen. Das Mehrwertsteuer-Gesetz des Bundes von 1967 sah vor, dass auf die Rundfunkgebühren Mehrwertsteuern zu erheben seien. Das »Mehrwertsteuer-Urteil« vom 27. Juli 1971 stellt klar, dass die Rundfunkanstalten keine Unternehmen sind, dass sie öffentliche Aufgaben erfüllen und ihre Tätigkeit nicht »gewerblicher oder beruflicher Art« ist. Somit besteht auch keine Mehrwertsteuer-Pflicht für die öffentlich-rechtlichen Rundfunkanstalten.

titerror-Einheit GSG 9. Der bevorstehende RAF-Terror in der Bundesrepublik, Ölschock, wachsende Arbeitslosigkeit und Wirtschaftskrise waren viel diskutierte Kehrseiten der Gesellschaft, die signalisierten, dass eine Epoche mit schnellen Schritten ihrem Ende entgegen eilte. Die Kanzlerschaft Willy Brandts endete mit dessen Rücktritt am 6. Mai 1974.

Technischer Wandel mit großen Schritten: Transistoren, Leiterplatten und integrierte Schaltkreise

In Sachen Programmvielfalt und deren Ausgestaltung fanden in den 60er Jahren bahnbrechende Änderungen und Neuerungen statt. Gleiches gilt für die Fernsehgeräte und die Fernsehtechnik insgesamt. Diese Entwicklung wäre gar nicht möglich gewesen, hätte es nicht technologische Fortschritte gegeben, die an sich nicht direkt mit dem Fernsehen selbst zu tun hatten. Dieser Fortschritt basierte im Wesentlichen auf der Entwicklung von Leiterplatten bzw. Platinen, Transistoren und integrierten Schaltkreise.

Während die Fernsehgeräte der 50er Jahre noch aus frei verlöteten Bauteilen wie Kondensatoren und Widerständen bestanden, setzten sich in den 60er Jahren die Leiterplatten durch. Dabei werden auf ein elektrisch nicht-leitendes Material je nach Bedarf eine oder auch mehrere Kupferschichten aufgebracht. In einem weiteren im wahrsten Sinne des Wortes »ätzenden« Verfahren werden dann diese Schichten zu Leiterbahnen verarbeitet. Die Platten werden mit entsprechenden Löchern versehen, Bauteile so aufgesteckt, dass ihre Drähte durch diese Öffnungen reichen und mit den Kupferbahnen verlötet werden können. Der Vorteil ist, dass die Platinen eine viel kompaktere Bauweise erlauben und dazu schnellere und günstigere Produktionsprozesse ermöglichen. Die gesamte moderne Mikroelektronik wäre ohne Platinen undenkbar. Das »Motherboard«

Der Blick in diesen frühen Fernseher zeigt, dass dieses Röhrengerät noch keine Platine hatte. Die Fassungen der Röhren waren in ein Metall-Chassis eingearbeitet und Bauteile wie Widerstände und Kondensatoren wurden an der Unterseite der Röhren direkt verlötet. Diese Bauweise existierte bis Ende der 50er Jahre.
Bei diesem seltenen Gerät ist an der Oberseite ein aufklappbarer Spiegel angebracht, über den das Bild gesehen werden kann. Auffällig ist die rundliche und sehr lange Bauform der frühen Bildröhre.

eines Computers, dessen Hauptplatine also, ist nichts anderes als eine Leiterplatte.

Ebenfalls mit den 60er Jahren kamen die Transistoren auf. Das Wort »Transistor« ist abgeleitet von dem englischen Begriff »Transformation Resistor«. Erste Patente zu diesen »Halbleiterbauelementen« gab es schon 1928. Die Transistoren können elektrische Ströme und Spannungen schalten und verstärken. Hatte man zuvor noch Röhren in Betrieb, die viel Strom verbrauchten, Platz beanspruchten und Wärme produzierten, so waren die Transistoren bedeutend kleiner und verbrauchten grundsätzlich weniger Energie. Den Wettlauf gegen die Röhren haben die Transistoren in den 60er Jahren sehr rasch für sich entschieden. Zu den Vorteilen der Transistortechnik kam hinzu, dass auch andere Bauteile wie Widerstände und Kondensatoren verkleinert werden konnten. Integrierte Schaltkreise (englisch »integrated circuit«, IC) sind Bauteile, die auf kleinstem Raum diverse Funktionen auf einer einzigen Fläche, dem »Chip«, vereinen. Ihre Vorläufer waren die üblichen Verbundröhren, die verschiedene Funktionen in einer einzigen Röhre vereinten. Der erste integrierte Schaltkreis, den der »Vater des Mikrochips« Jack Kilby 1958 präsentierte, vereinte nur wenige Bauteile auf dem Halbleiterstück. Der IC war nicht größer als eine Heftklammer und verschaffte ihm den Nobelpreis für Physik.

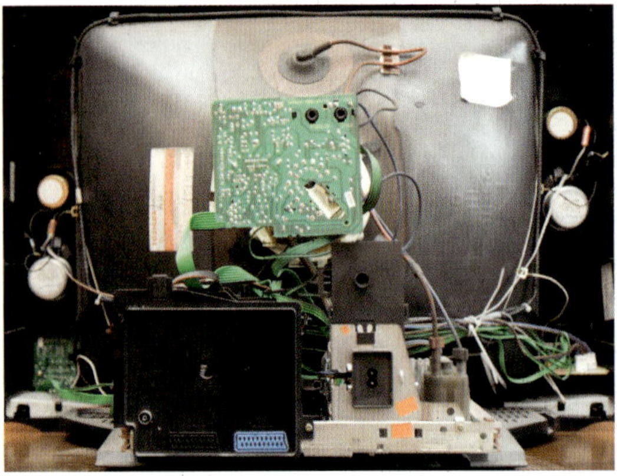

Dieser Stereo-Farbfernsehapparat ist bereits mit Platinen und integrierten Schaltkreisen ausgestattet. Gut zu erkennen ist die kleine Platine an der Rückseite der Bildröhre. Diese ist inzwischen an der Vorderseite flach und hat eine sehr kurze Bauweise.

Die seither stetig verbesserte IC-Technik diente primär nicht dem Fernsehen, sondern militärischen Interessen und der Raumfahrt, man denke etwa an die Mondlandung 1969. Der erste Taschenrechner von Texas Instruments besaß 1970 bereits einen komplexen Mikrochip. 1981 begann die Produktion von Homecomputern. Heutige ICs vereinen Millionen von Transistoren und verwalten als Datenspeicher die Inhalte von ganzen Bibliotheken auf fingernagelgroßen Flächen.

Dass Platinen, Transistoren und IC schnell auch die Fernsehwelt veränderten, ist nur konsequent. Die Gerätschaften wurden billiger und qualitativ höherwertig. Die Leistungsfähigkeit der Kameras, Aufzeichnungs- und Steuerungsgeräte wie auch die Sende- und Übertragungstechnik konnte rasch optimiert werden. Als Symbol für den technologischen Fortschritt ist die erste Fernsehübertragung per Satellit zu nennen. In Europa, Kanada und in den USA verfolgten am 23. Juli 1962 diese direkte Übertragung aus den USA, die über den Satelliten Telestar verbreitet wurde, an ihren Bildschirmen. Zu sehen waren dabei auch Bilder aus New York, San Francisco und Washington.

Angesichts der tiefgreifenden Veränderungen in der Fernseh- (und natürlich auch Hörfunk-)technik wurden schon bald entsprechende Ausbildungsberufe sowie Fort- und Weiterbildung des Rundfunkpersonals nötig. Am 4. Juli 1963 hatten die ARD-Rundfunkanstalten zur Aus- und Fortbildung ihres technischen Personals die Schule für Rundfunktechnik (SRT) als Stiftung des bürgerlichen Rechts gegründet. Später schloss sich auch das ZDF der Stiftung an.

Die 60er Jahre waren von einer spürbaren Technikbegeisterung geprägt. Schließlich waren die Ergebnisse des Fortschritts offenkundig und verblüffend. Um als Beispiel einen Abstecher in den Hörfunk-Bereich zu unternehmen: Seit dem 30. August 1963 gibt es Radiosendungen in Ste-

Digitale Speicherchips wie dieser Winzling erreichen heute problemlos Kapazitäten von 500 Megabyte (MB) oder auch 1 Gigabyte (GB). Noch Mitte der 90er Jahre wäre diese Größenordnung undenkbar gewesen.

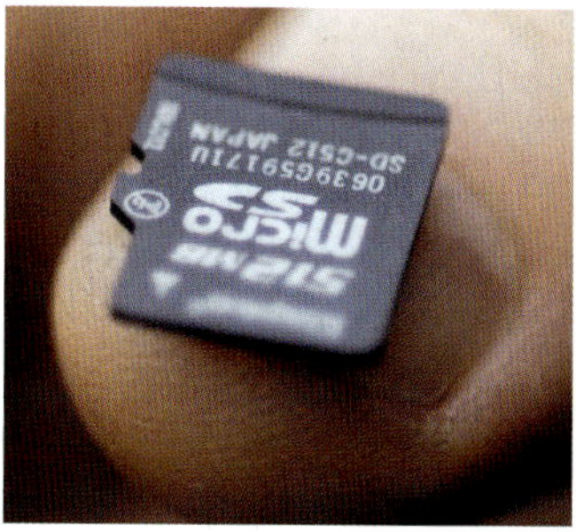

reo – dass das Fernsehen in Stereo folgen würde, war also nur eine reine Zeitfrage. Zunächst aber überraschte die »moderne« Computertechnik am 19. September 1965 ab 21.00 Uhr die Zuschauer des Ersten Deutschen Fernsehens. Die ARD hatte neuartige Wahlprognosen aus dem Computer präsentiert, die dem endgültigen Wahlendergebnis sehr nahe kamen. Dass ein solcher Computer hinsichtlich seiner Leistung nicht mit heutigen Rechnern zu vergleichen ist, versteht sich von selbst. Dennoch: Es war eine Folge der Halbleitertechnik, dass die Gestaltungsmöglichkeiten des Programms schon in den 60er Jahren gestiegen waren – eine Tendenz, die sich in den 70er Jahren fortsetzte und auch heute noch längst nicht abgeschlossen ist.

Die Bilder werden bunt – NTSC, SECAM und PAL

Die 25. Große Deutschen Funkausstellung in Berlin bescherte dem deutschen Fernsehen eine Neuheit, die für uns heute selbstverständlich ist. Am 25. August 1967, dem ersten Messetag, drückte der damalige Bundesaußenminister und Vizekanzler Willy Brandt genau um 10.57 Uhr auf den symbolischen roten Knopf, um das bundesdeutsche Farbfernsehen zu starten. In der DDR übrigens gab es reguläres Farbfernsehen erst ab dem 3. Oktober 1969 anlässlich des nahen 20. Jahrestages der DDR. Dazu erschien der Farbfernseher »RFT Color 20«. Der komplett mit Transistoren ausgestattete Apparat wurde im VEB Fernsehgerätewerk Staßfurt produziert und kostete stolze 3750 Ostmark, der durchschnittliche Monatslohn eines DDR-Facharbeiters lag damals bei etwa 450 Mark netto. In Farbe wurde allerdings zunächst nur im zweiten Programm der DDR gesendet.

Bis zur Einführung des Farbfernsehens in Deutschland war es ein weiter Weg, auf dem es galt, ein geeignetes Verfahren für die farbige Bildübertragung zu entwickeln. In den USA gab es immerhin schon in den 50er Jahren farbiges Fernsehen. Dort wurde zu Beginn der 50er Jahre eine Technik entwickelt, die nach dem Verfahren der additiven Farbmischung arbeitet und

Der »RFT Color 20« hatte zunächst schwere Qualitätsprobleme.

von der amerikanischen Normkommission, dem »National Television System Commitee« (NTSC) im Dezember 1953 für verbindlich erklärt. Nach dem verantwortlichen Komitee benannt, heißt das System selbst NTSC. Eine entscheidende Eigenschaft war (und ist), dass es kompatibel zum Schwarzweiß-Fernsehen ist. So können NTSC-Sendungen auch mit Schwarz-Weiß-Geräten gesehen werden und Schwarzweiß-Sendungen mit NTSC-Empfängern.

Die NTSC-Norm basiert auf einer Erfindung des französischen Ingenieurs Georges Valensi aus dem Jahr 1938. Valensi teilte das zu übertragende Farbbild auf in die Helligkeitsinformation und in die Farbinformation. Dabei ist die Helligkeitsinformation nichts Anderes als das bisherige Schwarzweiß-Signal. NTSC hat gegenüber anderen Systemen den Nachteil, dass das Farbsignal nicht immer stabil übertragen wird, so dass es zu Farbverschiebungen kommt. Blautöne können daher bisweilen eher wie Grün aussehen. Darum wird »NTSC« gerne spöttisch mit »never the same color« (nie die selbe Farbe) übersetzt. Um dieser Verschiebung entgegenzuwirken, haben NTSC-Geräte einen »Tint«-Regler, mit dem sich die Farbverschiebungen korrigieren lassen.

Somit hatten die USA in Sachen Farbfernsehen gegenüber den Europäern zwar einen zeitlichen Vorsprung, doch die verwendete Technik galt alles andere als vorbildlich.

Die Idee, eine europaweite Farbnorm zu schaffen, kam bereits 1955 auf, jedoch stellten unterschiedliche Zeilenzahlen in Frankreich, England und den übrigen europäischen Ländern unüberwindliche Hürden dar. 1956 entwickelte zunächst Henri de France – ebenfalls ein französischer Ingenieur – mit massiver Unterstützung der französischen Regierung das Fernsehsystem SECAM (Séquentiel Couleur avec Mémoire). Auch

PAL-Erfinder Walter Bruch.

SECAM ist schwarzweiß-kompatibel. Vor allem aber ist das in Frankreich und Osteuropa verbreitete System frei von Farbverschiebung. Andererseits musste SECAM mehrfach verbessert werden. Telefunken-Ingenieur Walter Bruch beschäftigte sich schließlich mit den Normen NTSC und SECAM und arbeitete ab 1960 an einem neuen System, um deren Schwächen auszuschalten. Am 3. Januar 1963 ließ Bruch sein Farbfernseh-Verfahren namens PAL (»Phase Alternating Line«, Phasenwechsel je Zeile) patentieren. Zwar ist PAL, das mit dem NTSC-System eng verwandt ist, das stabilste System, aber dafür auch entschieden aufwändiger als NTSC. Mit der PAL-Technologie war 1963 der Grundstein für das vier Jahre später folgende Farbfernsehen in Deutschland gelegt. Doch zunächst herrschte Uneinigkeit, welches System sich weltweit durchsetzen würde. Auch SECAM hatte Vorteile: Das System war günstiger und damals besser für Magnetaufzeichnungen geeignet. PAL wiederum hatte die bessere Bildqualität. Zwischen den Vertretern der System gab es heftige Kontroversen.

Auf einer Konferenz des CCIR (Consultative Committee for International Radio), die 1965 in Wien stattfand, suchte man vergeblich, eine weltweit verbindliche Norm zu finden. Frankreichs Staatspräsident hatte bereits im März 1965 die Sowjet-Union und damit letztlich auch den damaligen Ost-Block einschließlich DDR für das französische SECAM gewinnen können.

Eine bundesdeutsche Entscheidung für PAL bedeutete somit auch eine weitere Zementierung der deutsch-deutschen Trennung. Auf der Folgekonferenz, die 1966 in Oslo stattfand, wurde die Spaltung der europäischen Fernsehwelt in zwei Systembereiche festgelegt: eine »Ost-West-Achse« mit SECAM und eine »Nord-Süd-Achse« von Schweden bis Italien und Spanien mit PAL.

Damit 1967 in der Bundesrepublik Deutschland

überhaupt auf einen roten Knopf zum Farbfernsehstart gedrückt werden konnte, mussten die Aufzeichnungs- und Fernsehgeräte mit PAL-Technologie rasch entwickelt werden. Die ersten industriell gefertigten Aufzeichnungssysteme für PAL stammten von der Firma »Radio Corporation of America«, RCA. Sie wurden Ende 1966 geliefert. Im Frühjahr 1967 wurde der WDR als erste Landesrundfunkanstalt mit einem Farbübertragungswagen ausgestattet. Auch NDR und ZDF erhielten die mobile Farbübertragungstechnik sehr früh, während die übrigen Anstalten mitunter erst 1970 ihre eigenen Farbübertragungswagen hatten. Bis dahin bedienten sie sich aus einem gemeinsamen Pool. In der Bundesrepublik dauerte die Umstellung auf Farbfernsehen etwa bis 1970. Die erste farbige »Tagesschau« ging erst am 29. März 1970 auf Sendung. Die olympischen Spiele in München 1972 waren die ersten, die weltweit per Satellit und in Farbe ausgestrahlt wurden. Zu dieser Zeit war es allerdings noch längst nicht Standard, dass Farbfernsehgeräte die Wohnzimmer zierten. Mit Preisen von fast 2000 DM waren Farbgeräte Anfang der 70er Jahre auch in der Bundesrepublik Luxusgüter.

Zudem hatten viele Fernsehzuschauer zunächst Vorurteile gegen die »neue« Technik. »Noch nicht richtig ausgereift«, »viel zu teuer und zu anfällig«, so lautete nicht selten die Begründung, doch wieder einen günstigeren Schwarzweiß-Fernseher zu erwerben. Die Umstellung des Fernsehens auf Farbe war ein langwieriger und kostenintensiver Prozess. Sie vollzog sich für das Erste Programm schrittweise bis Mitte der 70er Jahre. 1975 wurden knapp 93 Prozent des Ersten Programms in Farbe gesendet.

Die »Tagesschau« ist im Fernsehen immer mit Blick auf den Sprecher oder die Sprecherin zu sehen. Dieses Bild zeigt, was heute ein Tagesschausprecher von seinem Arbeitsplatz aus sieht.

Farbbildröhren und die additive Farbmischung

Grundsätzlich entspricht die Funktionsweise eine Farbbildröhre der einer Schwarzweiß-Röhre. In der Kathodenstrahlröhre befindet sich ein Vakuum, so dass ein Elektronenstrahl erzeugt werden kann, der sich mit Hilfe von Magnetfeldern horizontal und vertikal ablenken lässt. Der Strahl trifft auf eine Leuchtschicht, deren Licht der Betrachter als Fernsehbild erkennen kann. Die Bilder werden in horizontalen Zeilen geschrieben und das in einer für das Auge nicht wahrnehmbar hohen Geschwindigkeit. Die PAL-Norm sieht 625 Zeilen vor, davon 576 sichtbare. Dabei werden jede Sekunde 25 mal alle geraden Zeilen geschrieben und 25 Mal alle ungeraden. Dieses »Interlaced«-Verfahren vermindert das Bildflimmern.

»Feuert« die Elektronentrahl-»Kanone« einen dauernden Strahl, erscheint der gesamte Bildschirm als weiße Fläche. Wird der Elektronenstrahl unterbrochen, leuchtet nichts und der Bildschirm bleibt schwarz.

Wie aber kommt das Farbbild zustande? Werden drei Strahler mit rotem, grünem und blauem Licht auf einen Punkt gerichtet, wird sogleich die Lichtmenge aller drei Strahler addiert – daher der Name additives Verfahren. Für das Auge erscheint der erzeugte Lichtkreis weiß. Grün und Rot ergäbe gemischt Gelb, während Blau und Rot zusammen Violett bzw. Magenta ergeben. Werden blaues und grünes Licht gemischt, entsteht Cyan. Aus blauen, grünem und rotem Licht lassen sich also je nach Kombination alle möglichen Farben erzeugen.

Wird eine Bildröhre mit drei Elektronenstrahlen ausgestattet und dazu mit drei verschiedenen Leuchtschichten, nämlich in Rot, Grün und Blau, so lassen sich damit ein rotes, grünes und blaues Bild erzeugen. Folglich müssen – stark vereinfacht gesagt – die Farbinformationen eines Bildes nur so in seine Anteile von Rot, Grün und Blau zerlegt werden, dass die Bildröhre durch additive Mischung der drei Farben das Bild wieder erzeugen kann.

Additive Farbmischung

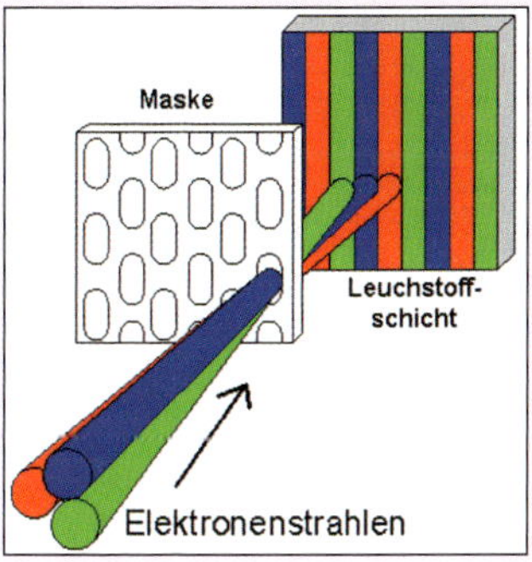

Schlitzmaske

Damit bei der Farbbildröhre die drei Elektronenstrahlen auch jeweils nur die für sie bestimmten Leuchtpunkte oder Linien treffen, haben Farbröhren etwa 20 mm hinter dem Bildschirm je nach Bauart entweder eine Loch- oder Schlitzmaske. Sind die drei Phosphor-Leuchtschichten punktförmig angebracht, ist es eine »Delta-Röhre« mit einer Lochmaske, sind die Leuchtschichten in vertikalen Streifen angebracht, ist es eine »Inline«- oder »Trinitron«-Röhre mit einer Schlitzmaske. Nicht nur Fernsehbildröhren arbeiten nach diesem Prinzip, auch herkömmliche Computermonitore.

Nach dem Erfolg der modernen Flachbildschirme mit Flüssigkristall-Technologie (*liquid crystal display,* LCD) oder Plasmatechnik (*plasma display panel,* PDP) sind die Fernsehgeräte mit Kathodenstrahlröhren inzwischen nahezu aus den Geschäften verschwunden. Trotzdem stehen noch heute in den meisten Haushalten Röhrengeräte.

Die Trinitron-Röhre wurden von Sony bereits 1967 entwickelt. Seither ist diese Technologie immer weiter verbessert worden. Trinitron-Röhren haben gegenüber normalen Delta-Bildröhren brillantere und kontrastreichere Farben. Sie lassen sich kompakter bauen, wobei der Elektronenstrahl genauer fokussierbar ist.

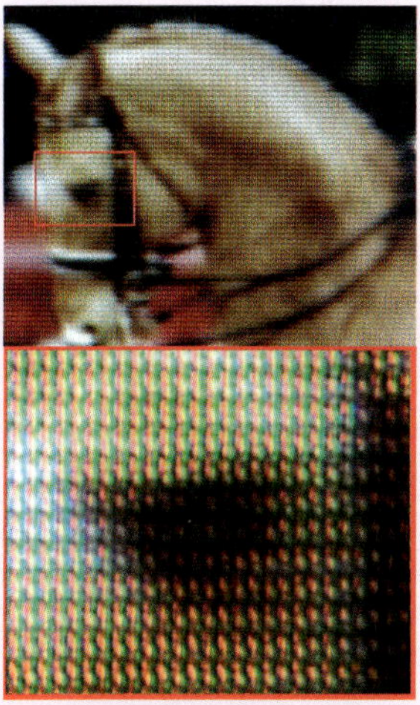

An diesem Beispiel lässt sich gut erkennen, wie die Farben des Pferdes in der Bildröhre aus Rot, Grün und Blau zusammengesetzt werden

1973
Jom-Kippur-Krieg
1974
Die Affäre um den DDR-Spion Günter Guillaume führt zum Rücktritt Willy Brandts.
Watergate-Skandal und Rücktriff von US-Präsident Richard Nixon am 8. August.
Der erste »programmierbare« Taschenrechner kommt auf den Markt, er kostet 2950,- DM.
Die Bundesrepublik Deutschland wird Fußballweltmeister. Fast 100 Stunden werden im Fernsehen live übertragen.

Zehn Jahre nach dem Start: das ZDF

Zehn Jahre nach seiner Gründung hatte das ZDF längst die Experimentierphase verlassen und bildete nun eine leistungsfähige, etablierte Sendeanstalt. Ebenso wie die Landesrundfunkanstalten der ARD bot inzwischen auch das Zweite ein vielfältiges Programm, das unterschiedliche Zielgruppen ansprach. War in den 60ern zunächst noch grundlegende Aufbauarbeit zu leisten, galt es im folgenden Jahrzehnt, das Programmschema zu optimieren und das Programmangebot zu vergrößern. Vorbei war übrigens auch die Zeit, da das ZDF von der ARD belächelt wurde. ARD und ZDF konkurrierten um die Zuschauer. Dabei wagte das ZDF auch Neuerungen, an die sich das Fernsehpublikum erst gewöhnen musste. So verlas am 12. Mai 1971 Wiebke Bruhns als erste deutsche Nachrichtensprecherin überhaupt die »heute«-Nachrichten des ZDF. Das Publikum war begeistert und reagierte mit zahllosen positiven Zuschriften.

Um den veränderten Fernsehgewohnheiten der Bevölkerung entgegenzukommen, änderte das ZDF am 1. Oktober 1973 sein Programmschema. Untersuchungen hatten gezeigt, dass viele Deutsche bereits am frühen Abend Nachrichten sehen wollten.

Die Nachrichtensendung »heute« wurde folglich von 19.45 auf 19.00 Uhr – die noch immer aktuelle Sendezeit – vorverlegt und von 30 auf 22 Minuten gekürzt. Mit dieser neuen Zeitstruktur konnte sich das ZDF

Nicht nur in Nachrichtensendungen kommen Teleprompter zum Einsatz. Diese praktischen Helfer haben unten einen kleinen Bildschirm, auf dem Texte spiegelverkehrt abgebildet werden. Vor der Kamera, die einen Sprecher oder eine Sprecherin aufnimmt, ist ein halbdurchsichtiger Spiegel schräg angebracht, der den Text vorspiegelt. Damit schauen Sprecher in die Kamera und sehen gleichzeitig den anzusagenden Text vor sich.

deutlich von der »Tagesschau« abgrenzen. Bis dahin genoss das Zweite den zweifelhaften Ruf, eher ein Unterhaltungssender zu sein – Grund genug, mehr aktuelle Berichterstattung und Magazine ins Programm einzubauen. Dass sich das neue Programmschema rasch bewährte, zeigen die Zahlen: Lag die Einschaltquote der »heute«-Sendung 1971 bei 19 Prozent, erreichte sie 1974 bereits 28 Prozent der Zuschauer.

Eine weitere Fernsehneuheit präsentierte das ZDF am 3. Februar 1973. Carmen Thomas moderierte als erste Frau eine Sportsendung im deutschen Fernsehen, »Das aktuelle Sportstudio«. Schlagzeilen machte ihr Versprecher »Schalke 05«. Die Bildzeitung forderte anschließend vergeblich ihre Entlassung. Thomas moderierte die Sendung vertragsgemäß bis Ende 1974.

1975
In Spanien besteigt König Juan Carlos den Thron und setzt sich für demokratische Reformen ein.
1976
Das Gift Dioxin verursacht bei einem Chemieunfall im italienischen Ort Seveso am 10. Juli eine der schwersten Umweltkatastrophen des 20. Jh.
1977
Der RAF-Terror erreicht seinen Höhepunkt.

Das ZDF-Sendezentrum in Mainz
Ein gutes Jahrzehnt nach Gründung des ZDF konnte im Frühjahr 1974 das 14-stöckige Redaktions- und Verwaltungsgebäude des Sendezentrums auf dem Mainzer Lerchenberg bezogen werden. Neben der Chefredaktion verblieben allerdings auch Teile der Produktion und Technik noch in der vorläufigen Sendezentrale Wiesbaden.
Erst Ende 1984 wurde das Sendebetriebsgebäude eröffnet. Seither vereint das Sendezentrum alle Redaktionen sowie die Produktion, Technik und Verwaltung unter einem Dach. Am 30. Januar 2001 weihte das ZDF sein »Sendezentrum 2« ein, das nur eine Straße entfernt liegt. Die Sendezentren sind durch unterirdische Kabel miteinander verbunden. In dem neuen Zentrum, das 370 Mitarbeiter zählt, sind die ZDF-Direktion Europäische Satellitenprogramme mit 3sat, ARTE, ZDFtheaterkanal, ZDFdokukanal und ZDFinfokanal untergebracht.
Das ZDF Sendezentrum ist zugleich auch Anziehungspunkt für Besucher. Allein 2005 besichtigten fast 50.000 Interessierte das Gelände auf dem Lerchenberg.

Auch für Kinder hatte das ZDF zu Beginn der 70er Jahre einiges zu bieten. Kultstatus haben die aus den USA stammenden »Peanuts« mit Charlie Brown und dem Hund Snoopy. Die Comic-Serie von Charles M. Schulz zählt weltweit zu den erfolgreichsten und wurde vom ZDF erstmals am 29. Oktober 1972 ausgestrahlt.

»Ene mene miste, es rappelt in der Kiste«, dieser Abzählvers stammt aus der »Rappelkiste«, die am 30. September 1973 auf Sendung ging und rasch Millionen kleine und große Fans gewann. Die Sendung provo-

1979
Am 1. Februar kehrt der Schiitenführer Ayatollah Chomeini in den Iran zurück.
Am 28. März kommt es im Kernkraftwerk »Three Mile Island« bei Harrisburg fast zum GAU.
Sowjetische Truppen beginnen mit dem Einmarsch in Afghanistan.
1980
In Polen wird unter der Leitung von Lech Walesa Generalstreik die freie Gewerkschaft Solidarnosc erzwungen.
1981
Am 29. Juli heiraten in Großbritannien Prinz Charles und Lady Diana Spencer. Millionen Fernsehzuschauer verfolgen das Ereignis.

zierte mit der »frechen« Emanzipation der Kinder. Ebenfalls ein Erfolg im Kinderprogamm war von 1974 bis 1977 »Kli-Kla-Klawitter«. Mit dem roten »Kli-Kla-Kawitter-Bus« erlebten ein neunmalkluger Hase namens Klicker, sein Freund Klamotte und die Schildkröte Elvira Klawitter viele Abenteuer. Ab dem 9. September 1976 flatterte dann »Biene Maja« über die Mattscheiben. Die Geschichten der nicht nur bei den kleinen Zuschauern beliebten Comic-Biene basieren auf den Romanen »Die Biene Maja und ihre Abenteuer« und »Himmelsvolk« von Waldemar Bonsels (1880–1952), die er schon 1912 und 1915 verfasst hatte – lange also, bevor an ein Zweites Deutsches Fernsehen zu denken war.

Seinen Ruf, ein Unterhaltungssender zu sein, erwarb sich das ZDF vor allem mit einer Vielzahl erfolgreicher Shows. Von 1964 bis 1970 moderierte Peter Frankenfeld 47 Folgen von »Vergissmeinnicht«. Die Quizsendung war aus der Werbekampagne für die im März 1962 eingeführten vierstelligen Postleitzahlen hervorgegangen und bedeutete den Höhepunkt in Frankenfelds Karriere. Fester Bestandteil der Show war eine Wohltätigkeitslotterie zu Gunsten der »Aktion Sorgenkind« (seit März 2000 »Aktion Mensch«). Walter Spahrbier – der wohl bekannteste Geldbriefträger Deutschlands – betätigte sich im Fernsehen als Glücksbote und ermittelte die Gewinner. 1970 folgte Wim Thoelke mit der Donnerstagabend-Show »Drei mal Neun«. Ab dem 7. Juni 1974 moderierte er »Der große Preis«. In den 70ern lag die Einschaltquote bei bis zu 61 Prozent, damit war »Der Große Preis« ein absoluter Publikumsliebling. Bis 1992 moderierte Thoelke 220 Sendungen. Berühmtheit erlangten der Hund »Wum« und der Elefant »Wendelin«, Zeichentrickfiguren von Vicco von Bülow alias Loriot.

Wim Thoelke (r.) und Walter Spahrbier beim Ermitteln der Glückszahlen in »Der große Preis«, 70er Jahre.

Loriot – Meister der »gestörten Kommunikation«

Zu den Urgesteinen der deutschen Fernsehlandschaft gehört Professor Dr. h. c. Bernhard Victor (Vicco) Christoph Carl von Bülow, Jahrgang 1923. Werbegrafiker, Buchautor, Komiker, Schauspieler, Regisseur – das Multitalent Loriot hat mit seinem gänzlich eigenen Stil weit mehr als nur ein Stück deutsche Fernsehgeschichte geschrieben. Den Künstlernamen »Loriot« hat er seinem Familienwappen entlehnt, das einen Singvogel zeigt, den Pirol – und der heißt auf Französisch »Loriot«.

Was Loriots Stil prägt, hat er selbst so formuliert: »Kommunikationsgestörte interessieren mich am allermeisten. Alles, was ich als komisch empfinde, entsteht aus der zerbröselten Kommunikation, aus dem Aneinander-Vorbeireden.«

Loriot (Vicco von Bülow) auf dem grünen Sofa bei Radio Bremen.

1976 entstand die sechsteilige Fernsehreihe »Loriot«, die mit ihren gezeichneten und gespielten Sketchen – oft von Evelyn Hamann begleitet – Millionen zum Lachen brachte. Szenen aus dem bürgerlichen Alltagsleben, wie sie mitunter peinlicher nicht sein könnten, und eine feinsinnige Komik, die nie auf Kosten Dritter geht, zählen zu den Markenzeichen Loriots.

Der Lottogewinn von Rentner Erwin Lindemann, die Parodie auf Professor Grzimek mit der Steinlaus, die ganze Wohnblöcke zum Einsturz bringt, Weihnachten bei den Hoppenstedts, das Jodeldiplom, Herr Müller-Lüdenscheidt in der Badewanne … immer wieder findet Loriot in seinen Sketchen Formulierungen, die in den allgemeinen Sprachgebrauch übergehen: »Bitte sagen Sie jetzt nichts!« oder »Da hat man was eigenes!«, vor allem aber das knappe »Ach, was!«.

Thoelke nahm den drolligen Hund in »Drei mal Neun« auf – sehr zur Freude der Zuschauer. Seinen Namen erhielt Wum in Anlehnung an »Wim« Anfang 1971. Damit der Moderator mit der Zeichentrickfigur reden konnte, war eine für damalige Verhältnisse enorm aufwendige Tricktechnik nötig.

Hans Rosenthal bei seinem berühmten »Das war-Spitze«-Sprung.

Ebenfalls unvergessen ist die Quizsendung »Dalli Dalli«, moderiert von Hans Rosenthal. Vom 13. Mai 1971 bis zum 11. September 1986 führte Rosenthal durch 153 Sendungen. Bei »Dalli Dalli« ging es besonders um Schnelligkeit. Zu bestimmten Themen mussten die Kandidaten möglichst viele passende Wörter assoziieren, auch galt es etwa bei »Dalli-Klick«, Bilder, die schrittweise aufgedeckt wurden, möglichst schnell zu erkennen. Berühmt war Rosenthals Luftsprung, stets verbunden mit dem Satz: »Sie sind der Meinung, das war Spitze!« Der Sprung wurde tricktechnisch eingefroren, also in Zeitlupe gezeigt, ebenfalls eine technische Spitzenleistung.

Eine weitere klassische Fernsehshow des ZDF startete zwar erst am 14. Februar 1981 und fällt damit nicht mehr in die 70er Jahre, darf aber in diesem Zusammenhang trotzdem nicht fehlen: »Wetten, dass?«, moderiert zunächst von Frank Elstner, ihm folgte Thomas Gottschalk. »Wetten, dass?« ist mittlerweile die europaweit erfolgreichste Fernsehshow und zugleich der einzig verbliebene Klassiker unter den Samstagabend-Shows.

Dass sich das ZDF nicht nur auf Unterhaltung verstand, sondern auch über die journalistische Kompetenz verfügte, politische Hintergründe auf ansprechende Weise zu vermitteln, zeigte ab dem 2. Januar 1978 Dieter Kronzucker mit dem »heute-journal«. Während die »heute«-Sendung um 19.00 Uhr den Nachrichtenüberblick bot (und bietet), vertieft das »heute-journal« ab 21.00 Uhr die wichtigen Themen. 1984 wurde die

Der reinste Klimbim – Comedy in den Siebzigern

Eigentlich bedeutet das englische Wort Comedy »Komödie«, doch im deutschsprachigen Raum steht der Begriff eher für die Bühnenprogramme von Comedians – also Komikern. Populär wurde das Format in den 90er Jahren, als die Privatsender damit begannen, Comedy-Sendungen vorwiegend nach amerikanischem Vorbild auszustrahlen. »RTL Samstag Nacht« – vom 6. November 1993 bis zum 23. Mai 1998 im Programm – ist hier ebenso zu nennen wie etwa der »Quatsch Comedy Club« von Pro7.

Mit dem »Sonderpreis für die erste erfolgreiche Comedy-Show in Deutschland« des Deutschen Comedy-Preises 2003 wurde allerdings eine Comedy-Fernsehserie ausgezeichnet, die schon in den 70er Jahren Kult war – »Klimbim« von Regisseur Michael Pfleghar. Insgesamt 30 Episoden strahlte der WDR vom 24. Juli 1973 bis zum 13. Februar 1979 aus. Sketche und Gags mit anrüchigen Elementen, derbe Witze mit sexuellen Anspielungen oder auch Frauen, die wie Ingrid Steeger bevorzugt in Strapsen auftraten, verliehen der Sendung Skandalcharakter und damit zugleich eine außerordentliche Beliebtheit. Die Einschaltquoten lagen nicht selten bei 65 Prozent. Klimbim war auch für heutige Verhältnisse eine der freizügigsten Sendungen des deutschen Fernsehens.

Die »Klimbim-Familie«, deren bewegter Alltag in keiner Sendung fehlen durfte, war das völlige Gegenbild einer ordentlichen Familie der 70er Jahre. Großvater (Wichart von Roell), der mit dem zu hart gekochten Frühstücksei schon mal ein Loch in die Wand warf, war selbst hart, aber herzlich, vor allem jedoch ewig gestrig und kriegsvernarrt. Mutter Jolanthe (Elisabeth Volkmann) repräsentierte das Paradebeispiel einer »Schlampe«. Ehemann Adolar von Scheußlich (Horst Jüssen) zeigte sich stets als arbeitsunwilliger und besserwisserischer Playboy und Tochter Gabi (Ingrid Steeger) war frech, dumm und vor allem das Ergebnis einer komplett missglückten Erziehung.

Als Meister der Komik erwies sich der politische Kabarettist Dieter (Didi) Hallervorden mit »Nonstop Nonsens«. Die Sendung lief von 1975 bis 1980. In einem seiner bekanntesten Sketche mimen Hallervorden und Gerhard Wollner zwei Gefängnisinsassen, die aus Langeweile Kaufmannsladen spielen. Hallervorden kommt herein, ahmt mit »Palim-Palim« die Türglocke nach und verlangt eine Flasche Pommes frites. Verkäufer Wollner protestiert, diese unsinnige Bestellung sabotiere das ganze Spiel, und fordert Rollentausch. Als er nun Pommes frites kaufen möchte, fragt Hallervorden: »Haben Sie denn eine Flasche dabei«? Mit »Hallervordens Spott-Light« (1994 bis 2003) kehrte der mehrfach ausgezeichnete Kabarettist wieder in sein eigentliches Metier zurück.

Sendung auf 21.45 Uhr verlegt, 1992 wurde das Journal verlängert und eine zusätzliche Samstagsausgabe eingeführt. Seit der Jahrtausendwende gibt es auch eine Sonntagsausgabe. Ursprünglich als Antwort auf die »Tagesthemen« der ARD vorgesehen, ist das »heute-journal« des ZDF inzwischen das erfolgreichste Nachrichtenmagazin des deutschen Fernsehens. 2006 haben durchschnittlich fast 3,7 Millionen Zuschauer die Sendung mit Claus Kleber, Marietta Slomka und Klaus-Peter Siegloch mitverfolgt. Die Sonntagsausgabe brachte es im Schnitt auf fast 4,5 Millionen. Die ARD-»Tagesthemen« sahen durchschnittlich rund 2,4 Millionen Zuschauer.

Neue Techniken und Möglichkeiten

Ausgestattet mit zunehmend modernerer und leistungsfähigerer Fernseh- und Studiotechnik bot nicht nur das ZDF-Sendezentrum einen idealen Rahmen, Programmangebot und einzelne Sendungen, wie etwa die Unterhaltungsshows stetig zu verbessern. Neben dem Kinderfernsehen und anderen zielgruppenorientierten Sendungen etablierte sich ein modernes Morgen- und Vormittagsprogramm, aufwändig gestaltete Show- und Unterhaltungssendungen fesselten das Publikum am Abend. Auch die Anstalten der ARD schöpften dabei die technischen Möglichkeiten voll aus, schließlich befanden (und befinden) sich beide im Wettbewerb um die Gunst der Zuschauer.

Entscheidend für den Erfolg waren – und sind – die immer weiter verbesserten Technologien, die es erlauben, die Informationsvielfalt rasch zu steigern und immer neue Effekte und Raffinessen in Filme, Serien, Beiträge und nicht zuletzt in die Programmgestaltung selbst einzubauen.

Doch auch in den Siebzigern musste zunächst herausgefunden werden, was beim Publikum am besten ankommt. In Sachen Zuschauerforschung kooperierten ARD und ZDF schon seit 1963.

Am 1. Januar 1975 übernahm jedoch die Arbeitsgemeinschaft Teleskopie im Auftrag beider die konti-

Ein Blick hinter die Kulissen: An solchen Schnittplätzen kann heute mit modernster Computertechnik digitales Filmmaterial geschnitten und mit zahlreichen Überblendeffekten, Animationen usw. versehen werden. Rechts im Bild sind IMX-Bandmaschinen zu sehen und einige der dazugehörigen grünen Kassetten. In den 70ern waren die Gerätschaften noch unvergleichlich größer und bei weitem nicht derart leistungsfähig.

nuierliche Zuschauerforschung. Daten aus 1200 repräsentativen Haushalten der Bundesrepublik und West-Berlins wurden gesammelt, mit Hilfe von Modems auf einen Zentralrechner übertragen und dort computertechnisch ausgewertet. Von 1963 bis 1974 hatte man sich auf die Daten von 625 bis 825 Haushalten beschränkt. Neu war ab 1975, dass sich einzelne Familienmitglieder mit einer Fernbedienung per Knopfdruck am Messgerät anmeldeten, so dass erstmals eine personenbezogene Untersuchung des Fernsehverhaltens möglich war.

GfK und Arbeitsgemeinschaft Fernsehforschung

Zum 1. Januar 1985 wechselten ARD und ZDF ihren Forschungspartner und beauftragten die »Gesellschaft für Konsumforschung« (GfK), die zunächst 2688 und ab Juli 1986 mit einem zusätzlichen Kabel- und Satellitenpanel weitere 165 Haushalte mit Messgeräten versehen hatte. (Heute bedient sich die Gfk deutschlandweit mehr als 5600 Messgeräte.)

Auftraggeber sind längst nicht mehr nur ARD und ZDF. Zum 1. Juli 1988 gründeten ARD, ARD-Werbung, ZDF, RTL Plus und Sat. 1 die »Arbeitsgemeinschaft Fernsehforschung« (AGF), die heute als Auftraggeberin der GfK fungiert. Heute gehören ARD, ProSiebenSat.1 Media AG, RTL und das ZDF in Form sogenannter »Familien« – ARD und ZDF z. B. auch mit ihren Programmen arte, Kinderkanal, Phoenix und 3sat – der AGF an. Zur RTL-Familie gehören noch RTL II, Super RTL, VOX und n-tv. Insgesamt werden mit den AGF-Familien über 92 Prozent des Zuschauermarktes und fast 95 Prozent des TV-Fernsehmarktes abgedeckt.

Siemensstern und Auflagemaß
Jeder Kameramann kennt den Siemensstern. Dieser Stern ist ein Kreis mit schwarzen und weißen Keilen, die sich zur Bildmitte hin verjüngen. Je nach Auflösungsvermögen einer Kamera und je nach Abbildungsleistung des Objektivs können die feineren Linien in der Bildmitte nicht mehr exakt abgebildet werden. Durch Unschärfe entsteht so ein kreisrunder Grauton, der sogenannte Grauring. Je schlechter die Bildqualität bzw. je weniger scharf das Objektiv ist, desto größer wird der Grauring. Mit dem Siemensstern als Testtafel lässt sich die Schärfe bei Video- und Fernsehkameras kontrollieren.
Die Schärfe kontrollieren zu können ist wichtig, wenn es darum geht, das Auflagemaß richtig einzustellen. Das Auflagemaß ist der Abstand zwischen dem hinteren Objektivende und dem Sensor oder der Filmebene. Broadcast-Kameras bzw. Fernsehkameras, bei denen die Objektive gewechselt werden können, haben am hinteren Ende ihrer jeweiligen Objektive einen kleinen feststellbaren Ring, mit dem sich das Auflagemaß exakt justieren lässt. Der Grund ist einfach: Die Wechselobjektive sind an keine spezifische Kamera hundertprozentig genau angepasst, so dass die manuelle Einstellung für die jeweils optimale Justage sorgt – und genau hier hilft der Siemensstern.
Ist nämlich das Auflagemaß verstellt, so lässt sich die Kamera zwar dennoch mit dem Fokusring bzw. mit der Entfernungseinstellung – Fernsehkameras haben kein Autofokus – scharf stellen, wird aber gezoomt, so kann bei gleicher Fokus- bzw. Entfernungs-Einstellung plötzlich eine deutlich sichtbare Unschärfe auftreten. Daher wird die Kamera zur Justage des Auflagemaßes vor einem Siemensstern angebracht, dann der Zoom auf die längste Brennweite gestellt und über die Fokussierung von Hand scharf gestellt.

Dieser schon in die Jahre gekommene Siemensstern stammt aus dem »Studio B« des NDR. Einsatzfähig und in Gebrauch ist diese Testtafel auch heute noch.

Eine Möglichkeit zur schnelleren Datenübertragung gab es bereits: Im September 1973 wurden in Deutschland erste Fernsehbilder per Glasfaserkabel übermittelt. Diese heute übliche Übertragungsweise ist herkömmlichen Kupferkabeln weit überlegen. Sehr viel größere Datenmengen können bedeutend schneller und sicherer übertragen werden. Die ARD hatte diese zukunftsweisende Technik zunächst im Regionalprogramm von NDR und Radio Bremen eingesetzt.

Noch im Jahr 1974 entwickelten Ingenieure der BBC den Videotext – auch Teletext genannt. Das Grundprinzip, das die Techniker schon 1970 entdeckt hatten, ist einfach: Von den 625 Zeilen des PAL-Fernsehbildes sind nur 576 sichtbar. Die übrigen Zeilen bleiben als »vertikale Austastlücke« frei von Informationen, denn der Elektronenstrahl muss zur Ausgangsposition zurück, nachdem er auf der Bildröhre sein Bild gezeichnet hat. Dieser bis dahin ungenutzte Bereich dient zur Übertragung des Videotextes.

Zunächst war der Videotext für die Fernsehzuschauer noch ohne Belang – dafür sorgte eine andere Neuheit für umso mehr Aufsehen: Die Firmen Grundig und Philips brachten Videorekorder mit VCR-System (Video Cassette Recorder) auf den Markt. Bereits seit Ende der 60er Jahre hatten sich in Japan Sony und JVC bemüht, die Videotechnik für den Heimanwenderbereich nutzbar zu machen. Die enorm großen und teuren professionellen Videoaufnahmegeräte wichen tragbaren Geräten. Das erste erfolgreiche System für die private Nutzung waren die VCR-Rekorder, die Magnetbänder in Kunststoffkassetten verwendeten. Zwar zeigten sich die fast 2000 DM teuren Geräte sehr anfällig und qualitativ nicht sonderlich überzeugend, trotz gelegentlicher Bandsalate standen sie jedoch 1974 für modernste Hochtechnologie. Die Möglichkeit, Fernsehprogramme aufzuzeichnen und diese dann tatsächlich wieder ansehen zu können, war eine Sensation. Schon ein Jahr später brachte die japanische Firma JVC das »Video Home System« (VHS) auf den Markt, das sich gegenüber VCR, Betamax und dem

Was ist Rundfunk?
»Rundfunk ist die für die Allgemeinheit bestimmte Veranstaltung und Verbreitung von Darbietungen aller Art in Wort, in Ton und in Bild unter Benutzung elektrischer Schwingungen ohne Verbindungsleitung oder längs oder mittels eines Leiters« (aus dem »Rundfunkgebührenstaatsvertrag« vom 5. Dezember 1974).

späteren »Video 2000« durchsetzte und zum Standard im Privatbereich wurde. Zwar bot VHS nicht das bessere System, doch waren die Rekorder sehr schnell als Massenprodukte zu erschwinglichen Preisen auf dem Markt, und damit hatte die Marketingstrategie von JVC gesiegt. Der Anfang der 80er Jahre aufkommende gewerbliche Verleih von Videokassetten trug ebenfalls dazu bei, dass das neue Medium zur ersten ernsten Konkurrenz für das Fernsehen avancierte. Heute sind Videotheken mit VHS-Kassetten Geschichte, schon längst hat die »Digital Versatile Disc« (DVD) die analogen Videobänder abgelöst.

Im Bereich der Fernsehkameras konnten ab 1975 die ersten Exemplare mit »CCD«-Technik (Charge-coupled Device, »ladungsgekoppeltes Bauteil«) anstelle von Aufnahmeröhren erprobt werden. Die integrierten elektronischen Bauteile zur Datenspeicherung finden heute in Videokameras, digitalen Fotoapparaten und Scannern Verwendung. Die erste Halbleiterfarbkamera mit drei CCD-Sensoren – einem je Grundfarbe – hatte der amerikanische Hersteller RCA zwar schon im März 1975 angekündigt, doch es bedurfte weiterer fünf Jahre der Entwicklung, bis die 3CCD-Kamera vorgestellt werden konnte. Einer der große Vorteile dieser zuverlässigen Technik liegt darin, dass es im Gegensatz zu Röhrenkameras keine Einbrennschäden durch zu helles Licht gibt.

Deutlich optimiert wurde in den 70er Jahren auch die Aufzeichnungstechnik im Fernsehbereich, die bedeutend höhere qualitative Anforderungen erfüllen muss als für den privaten Bedarf. Die Firma Sony stellte 1978 mit »U-Matic« ein neues Videosystem mit Kassetten vor, das gegenüber den alten 2-Zoll-Bändern bedeutend kompakter war, aber trotzdem den strengen Broadcast-Anforderungen gerecht wurde, so dass die Fernsehanstalten Platz und Geld sparen konnten. Die U-Matic-Bänder haben eine Breite von 3/4 Zoll.

Die CCD-Technik setzte sich nicht nur bei der Aufzeichnung von Fernsehbildern, sondern auch bei den Film-Abtastern durch. Bosch stellte im Juni 1979 den

Filmabtaster FDL 60 vor. Das röhrenlose Gerät mit Halbleitertechnik ermöglicht die Abtastung von Filmmaterial in allen gängigen Formaten in hoher Auflösung und hervorragende Farbwiedergabe in Broadcast-Qualität. Bildspeicher und kontinuierlicher Filmtransport machten Zeitlupe (nach dem englischen Begriff *slow motion* – langsame Bewegung – auch »Slomo« genannt), Einzelbildwiedergabe sowie schnellen Vor- und Rücklauf in beide Richtungen möglich.

U-Matic Maschinen wie diese sind heute nur noch im Einsatz, um alte Bänder anzuschauen und diese bei Bedarf auf digitale Maschinen zu überspielen. Die Geräte waren massiv gebaut und hatten im Vergleich zu heutigen Rekordern ein enormes Gewicht.

Eine weitere Neuerung der 70er Jahre war die Vorbereitung auf das Fernsehen mit zwei Tonkanälen, das den Stereoempfang ermöglichen sollte. An der Stereotechnik wurde intensiv geforscht, aber die »Stereophonie« gewann wie auch der Videotext erst in den 80er Jahren zunehmend Bedeutung. Den Zweikanalton führte das deutschen Fernsehen 1981 ein.

Die Zahl der technischen Entwicklungen der 70er Jahre ist enorm und so können hier nur die grundlegenden Neuerungen berücksichtigt werden. Trotz aller Fortschritte – wie etwa Farbfernsehgeräte mit Infrarot-Fernbedienung – war die damalige Fernsehwelt vom heutigen Standard noch weit entfernt.

Eine Entwicklung aber sollte in der Bundesrepublik ein wesentliches Fundament für das bevorstehende private Fernsehen bilden: Am 11. Mai 1978 beschlossen die Ministerpräsidenten der Länder im Zuge einer Beratung mit dem damaligen Kanzler Helmut Schmidt erste befristete Versuche mit Breitbandkabeln. Diese Pilotprojekte zum Kabelfernsehen waren nichts anderes als die Erprobung einer Technologie, die privates Fernsehen ermöglicht. Die Übertragung mittels Kabel war zu dieser Zeit allerdings keine wirkliche Neuheit mehr. In den USA beispielsweise gab es das Kabelfernsehen schon längst und auch in Ländern wie Belgien oder Luxemburg hatte man mit der Verkabelung eher begonnen als in der Bundesrepublik.

Das öffentlich-rechtliche Fernsehen wird über Gebühren finanziert. Als 1953 die ersten Programme auf Sendung gingen, betrug die Gesamtgebühr für Rundfunkteilnehmer 7 DM im Monat. Erst 1970 kam es zu einer ersten Anhebung auf 8,50 DM, die nächste folgte bereits vier Jahre später: 3 DM Grundgebühr und 7,50 DM Fernsehgebühr summierten sich nun auf 10,50 DM. Den größten Teil erhielten die Landesrundfunkanstalten der ARD, den Rest teilten sich ZDP und Post. ARD und ZDF nahmen schließlich ab dem 1. Januar 1976 den Einzug der Rundfunkgebühren – immerhin schon seit 1923 Sache der Post – selbst in die Hand.

Die »Gebühreneinzugszentrale der öffentlich-rechtlichen Rundfunkanstalten in der Bundesrepublik Deutschland«, allgemein als GEZ bekannt, übernahm diese Aufgabe. Grundlage dafür ist der »Rundfunkfinanzierungsstaatsvertrag« vom 20. Februar 1975. Die damit verbundenen Einsparungen betrugen zunächst über 100 Millionen Mark pro Jahr.

Die GEZ ist selbst nicht rechtsfähig, sondern eine Verwaltungsgemeinschaft und somit Teil der ARD-Landesrundfunkanstalten und des ZDF. Sie ist nicht nur für den Einzug der Gebühren zuständig, sondern auch für die Zahlungsüberwachung oder eventuelle Befreiungen von den Gebühren – etwa bei Erwerbslosigkeit oder Behinderung – und natürlich für die Betreuung der Rundfunkteilnehmer.

Auch an der Gebührenplanung ist die GEZ maßgeblich beteiligt. Der GEZ-Geschäftsführer ist dabei zugleich Vorsitzender der »Arbeitsgruppe Gebührenplanung«, die ihrerseits zur Finanzkommission der Rundfunkanstalten gehört. Anhand umfassender Vorarbeiten der GEZ plant die Arbeitsgruppe Gebührenplanung die Gebührenerträge jeweils für einen Zeitraum von fünf Jahren. Nach diesen Planungen orientieren sich wiederum die Rundfunkanstalten bei ihren Haushaltsplanungen.

Gebührenerhöhungen sind allerdings weder Sache der öffentlich-rechtlichen Rundfunkanstalten noch der GEZ. Der Rundfunkfinanzierungsstaatsvertrag sieht vor, dass ARD, ZDF und Deutschlandradio ihren Finanzbedarf alle zwei Jahre der 16-köpfigen (eine Person je Bundesland) und unabhängigen »Kommission zur Überprüfung und Ermittlung des Finanzbedarfs der Rundfunkanstalten« – kurz KEF – vorlegen. Das weitere Verfahren regeln § 7, Absatz 1 und 2 des Rundfunkfinanzierungsstaatsvertrages:

1) »Die Rundfunkkommission der Länder erhält von den Rundfunkanstalten zeitgleich die der KEF zugeleiteten Bedarfsanmeldungen und diese erläuternde sowie ergänzende weitere Unterlagen der Rundfunkanstalten.

2) Der Gebührenvorschlag der

KEF ist die Grundlage für eine Entscheidung der Landesregierungen und der Landesparlamente. Davon beabsichtigte Abweichungen soll die Rundfunkkommission der Länder mit den Rundfunkanstalten unter Einbeziehung der KEF erörtern. Die Abweichungen sind zu begründen.«

Über Erhöhungen der Gebühren entscheidet die Ministerpräsidentenkonferenz der Länder mit Zustimmung der Landesparlamente. Die GEZ ist dann für die Umsetzung zuständig.

Im Geschäftsjahr 2005 hat die GEZ Gesamterträge von rund 7,12 Milliarden Euro erzielt. Davon wurden 2,27 Prozent bzw. knapp 162 Millionen Euro als Aufwendungen der GEZ benötigt. Wie umfangreich die Verwaltungstätigkeit der GEZ ist, zeigen bereits die 12,5 Millionen Vorgänge der Teilnehmerbetreuung in 2005.

Heftige Kritik hagelte es angesichts der ab 1. Januar 2007 fälligen Gebühr für internetfähige PC. Allerdings fällt keine Gebühr an, wenn schon ein Radio und/oder Fernsehgerät angemeldet ist: »Betroffen sind nur die wenigen Privathaushalte, die weder Radio noch Fernsehen haben und auch kein Fahrzeug mit einem Autoradio besitzen, sondern nur einen internetfähigen PC«, so die Information der GEZ.

Ab dem 1. April 2005 liegen die Rundfunkgebühren bei monatlich 5,52 Euro Grundgebühr und 11,51 Euro für einen Fernseher. Radio und Fernseher zusammen kosten monatlich 17,03 Euro. Von der Grundgebühr gehen exakt 93,1373 Prozent an die ARD-Landesrundfunkanstalten und 6,8627 Prozent bekommt DeutschlandRadio«. Die Landesmedienanstalten (Behörden, die private Radio- und Fernsehanstalten zulassen und kontrollieren) erhalten 1,9275 Prozent. Von der Fernsehgebühr gehen 61,0994 Prozent an die ARD und 38,9006 Prozent an das ZDF. Für Landesmedienanstalten sind 1,8818 Prozent vorgesehen.

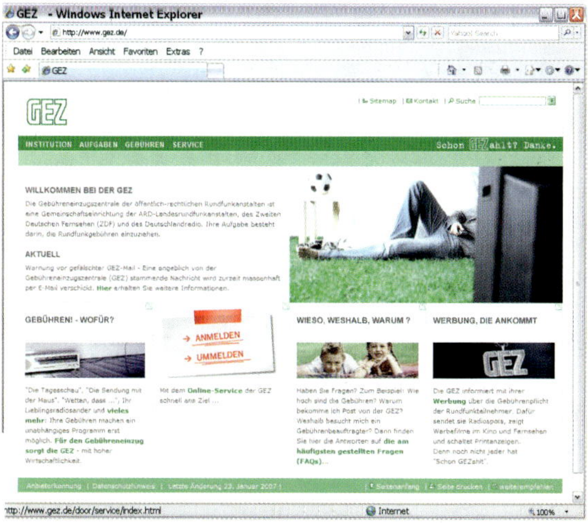

Die Internet-Seite der GEZ.

1982
Helmut Kohl wird am 1. Oktober Bundeskanzler.
Erste CD-Player kommen auf den Markt.
1985
Michail Gorbatschow wird am 11. März zum neuen Generalsekretär der KPdSU gewählt. Mit »Glasnost« (Offenheit) und »Perestroika« (Umgestaltung) beginnt ein radikaler Reformkurs in der Sowjetunion.
1986
Am 26. April explodiert in Tschernobyl ein Kernreaktor.
AIDS wird zunehmend thematisiert. Weltweit wird die Zahl der Infizierten auf 10 Mio. geschätzt.

Videotext – eine zuverlässige Informationsquelle

Den Videotext als zusätzliche Informationsquelle des bundesdeutschen Fernsehens hatten ARD und ZDF bereits auf der Internationalen Funkausstellung in Berlin 1977 präsentiert. Runde drei Jahre sollten aber noch vergehen, bis beide ihren gemeinsamen Feldversuch zum Videotext am 1. Juni 1980 starteten. Offiziell vorgestellt wurde dieser Informationsdienst schließlich 1981. Großbritannien war als Herkunftsland dieser Technologie damals Vorreiter des Videotextes. Die BBC hatte ihre Versuchssendungen bereits in den 70er Jahren gestartet, 1974 folgte die Festlegung von »UK-Teletext-Standard«, zwei Jahre später wurde unter der Bezeichnung »Ceefax« der UK-Teletext eingeführt. Außerhalb Englands zählten nicht ARD und ZDF zu den Pionieren, sondern der Österreichische Rundfunk (ORF), der am 21. Januar 1980 als erster mit Versuchssendungen begann. Der englische Standard setzte sich europaweit durch, während das in den 80er Jahren in Frankreich entwickelte und vergleichsweise aufwändige System »Antiope« wenig Anklang fand. Am 12. Oktober 1983 einigten sich ARD und ZDF sowie die Deutsche Bundespost – damals noch Monopolist –, den bis dato eingesetzten UK-Teletext-Standard als Fernsehtextnorm weiterzuführen. »Teletext« ist der eigentliche und international übliche Fachbegriff, die Bezeichnung

Eine historische Videotext-Seite: Das ist die erste »100« – diese Zahl steht noch heute für die Startseite – aus dem Jahr 1977.

»Videotext« hingegen haben ARD und ZDF eingeführt. »Fernsehtext« ist als dritte Variante die Bezeichnung, die der Rundfunkstaatsvertrag von 1983 verwendet.

In der Anfangsphase enthielten die Fernsehgeräte noch keine Decoder für Videotext. Wollte man das Angebot nutzen, waren teure und große Zusatzgeräte nötig, die von der Post finanziell gefördert wurden. Das neue Informationssystem profitierte zunehmend von den Fortschritten der Computerelektronik: kleinere Bauteile und der Preisverfall bei Speichermodulen und Chips erwiesen sich als positive Faktoren für die Durchsetzung des Videotextes.

Das Videotext-Angebot von ARD und ZDF ging schließlich 1990 nach einer 10-jährigen »Versuchsphase« bundesweit in den Regelbetrieb. Zur Jahrtausendwende lösten ARD und ZDF ihre gemeinsame Videotext-Redaktion auf und starteten jeweils eigenständige Angebote. Zu dieser Zeit waren in Deutschland rund 27,5 Millionen Haushalte mit videotextfähigen Fernsehern ausgestattet.

Anfang Januar 1983 begann zunächst das Dritte Programm des WDR, einen regionalen Videotext anzubieten. SDR und SWF folgten 1984 mit dem »Südfunk-Text«. HR und BR starteten ihre Angebote 1985 und 1986. Der NDR folgte 1988 mit dem »Nordtext«. Ein Jahr später kam der SR als letzte Sendeanstalt der alten Bundesrepublik hinzu. ORB (Ostdeutscher Rundfunk Brandenburg) und MDR starteten schließlich 1992 den gemeinsamen »ORB-MDR-Text«. Auch der »Berlin-Text« des SFB feierte 1992 sein Debüt. Die Privatsender Sat.1 (ab 1988), RTL (ab 1992) und Pro7 (ab 1994) nutzten die Möglichkeit, Videotext anzubieten. Heute pflegen alle Sender ihre Videotextangebote.

Videotext bietet auch die Möglichkeit, zusätzliche Inhalte ins Programm einzublenden, so dass etwa Untertitel für Gehörgeschädigte oder aktuelle Spielstände beim Sport zusammen mit Sendungen verfolgt werden können.

Da die Videotext-Informationen nur in der soge-

Gebühren
Zum 1. Januar 1979 wurden die Rundfunkgebühren zum zweiten Mal seit 1970 erhöht. Die Grundgebühr lag jetzt bei 3,80 DM und die Fernsehgebühr bei 9,20 DM, insgesamt also 13 DM monatlich.

1987
Die Affäre um Uwe Barschel, der am 11. Oktober tot in einem Genfer Hotel aufgefunden wird, entwickelt sich zum heftigsten Politskandal der bundesdeutschen Nachkriegsgeschichte.

1988
Am 14. April wird der Afghanistan-Vertrag unterzeichnet. Die Sowjets sollen sich bis zum 15. Februar 1989 aus Afghanistan zurückziehen.
Über dem schottischen Ort Lockerbie stürzt eine Boing 747 der Pan Am nach einer Bombenexplosion ab. 270 Menschen starben. Die Verantwortung für den Anschlag übernimmt Libyen.

nannten Austastlücke übermittelt werden können, sind den übertragbaren Datenmengen enge Grenzen gesetzt. Die Seiten bzw. Tafeln des Teletextes erlauben standardmäßig 25 Zeilen mit jeweils 40 Zeichen. Zur Seitengestaltung stehen maximal 96 Buchstaben, Zahlen und Sonderzeichen zur Verfügung. Die Seiten können mit bis zu 128 Grafikzeichen ergänzt werden. Sie sind dreistellig codiert, wobei die möglichen Werte der ersten Ziffer aus Gründen der Codiertechnik nur von 1 bis 8 reichen. Die Werte 0 und 8 werden als identisch interpretiert. Damit reichen die Seitenzahlen des Videotextes von 100 bis 899. Die Seite 100 ist immer die Startseite. Ansonsten weichen die Belegungen der einzelnen Seiten von Sender zu Sender mitunter deutlich voneinander ab.

Beim Aufrufen der Seiten ist nicht selten Geduld gefragt – die durchschnittliche Aufrufzeit liegt zumeist bei 10 Sekunden. Der Grund ist einfach: Alle Seiten werden hintereinander in einer Endlosschleife gesendet. Eine gewählte Seite kann also erst dann gezeigt werden, wenn sie sozusagen »an der Reihe« ist. Schnelleren Zugriff ermöglichen Fernsehgeräte, die über Speicher für die Videotext-Inhalte verfügen.

Wie gut Videotext-Angebote beim Zuschauer ankommen, hängt von allem davon ab, wie eng diese mit dem aktuellen Programm in Beziehung stehen. Hintergrundinformationen zu laufenden Sendungen sind eine Ergänzung, die ebenso gerne per Knopfdruck abgerufen wird wie aktuelle Nachrichten, Wettervorhersagen oder die Programmvorschau. So fürchteten Verleger, mit der Verbreitung des Videotextes könnte das Ende der Fernsehzeitschriften besiegelt sein – eine unbegründete Sorge, wie sich inzwischen gezeigt hat. Fernsehen ist ein schnelles Medium, so wechseln auch die Inhalte der Videotext-Seiten rasch. Das ist mit hohem redaktionellem Aufwand verbunden, sorgt aber für die nötige Attraktivität.

Schon 1996 hat die EACEM (European Association of Consumer Electronics Manufacturers) einen erweiterten und abwärtskompatiblen Standard festgeschrie-

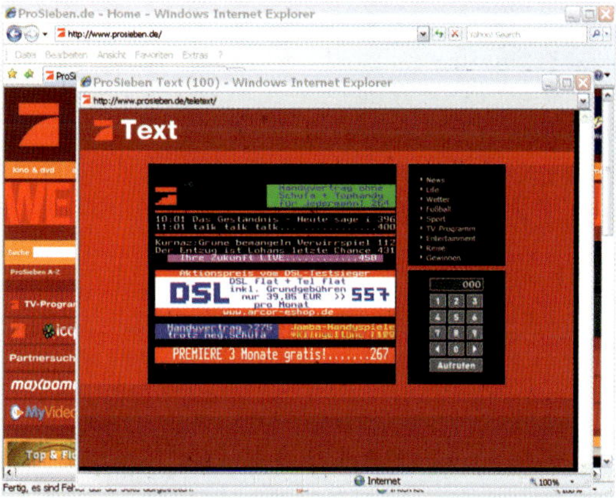

Der Videotext von Pro7 im Internet. Sendeanstalten, die Videotext im Internet anbieten, versehen ihre Textseiten mit kleinen Zahlenfeldern, auf denen per Mausklick die Nummern gewünschter Seiten eingegeben werden können, um diese anzuwählen.

ben, der dem Videotext mehr Farben und feinere Grafikdarstellungen beschert hat. »HiText« wird seither auf einigen Seiten von arte eingesetzt. Die ARD folgte mit Seiten der Dritten Programme des BR, WDR und SFB erst zur Internationalen Funkausstellung 1997. Ende Dezember 1999 hat der ZDF als erster deutschlandweiter Sender den sogenannten »HiText« eingeführt.

Inzwischen sind die Videotexte vieler Sender auch über das Internet abrufbar. Der Videotext des Ersten Programms ist unter www.ard-text.de zu finden. Wer unter www.zdf.de auf »ZDFtext« klickt, hat den Videotext des Zweiten Programms direkt vor sich und bei Pro7 ist unter www.prosieben.de auf »Teletext« zu klicken. Gleiches gilt für die Internet-Seiten von Sat.1 oder n-tv.

Das Dritte Rundfunkurteil

Weitaus folgenreicher als die Entwicklung des Teletextes in den 70er und 80er Jahren waren die vielfältigen Bestrebungen, die zum Privatfernsehen in Deutschland und damit zum »dualen System«, also dem Nebeneinander von öffentlich-rechtlichen und privatrechtlichen Anstalten, geführt haben. Die Forderung nach privaten Sendern gab es seit Langem. Gerade konservative Politiker wie etwa der CSU-Chef Franz-

Franz-Josef Strauß kritisierte die ARD immer wieder als zu »rot«. 1982 unterzeichnete er den Vertrag über das Münchner Kabelfernseh-Projekt. Im Hintergrund (v. l.) ZDF-Intendant Dieter Stolte, Münchens Oberbürgermeister Erich Kiesl und Reinhold Vöth vom Bayrischen Rundfunk.

Josef Strauß glaubten, eine »rote Unterwanderung« des öffentlich-rechtlichen Rundfunks kritisieren zu müssen. Das Wort Rundfunk wurde seinerzeit von konservativer Seite gerne mit »Rotfunk« gleichgesetzt.

Ermöglicht wurde das Privatfernsehen in Deutschland erst durch das Dritte Rundfunkurteil des Bundesverfassungsgerichtes von 1981, das die bundesdeutsche Medienwelt nachhaltig verändern sollte.

Als erstes und einziges Bundesland verfügte in den 60er Jahren das Saarland über den gesetzlichen Rahmen zur Ausstrahlung privater Rundfunksendungen. Das Gesetz Nummer 806 über die Veranstaltung von Rundfunksendungen im Saarland (GVRS) vom 2. Dezember 1964 sah vor, dass »Veranstalter privaten Rechts« einer Konzession bedurften, die von der Landesregierung zu erteilen war. Dieses Gesetz wurde 1967 noch einmal verändert und ergänzt. Ein Rechtsanspruch auf die Erteilung einer solchen Konzession bestand jedoch – und das war entscheidend – auch nach 1967 nicht.

Die Initiative »Freie Rundfunk Aktiengesellschaft in Gründung« (FRAG), zu der Banken ebenso gehörten wie Verleger, bemühte sich seit 1967 um eine solche Konzession, erhielt aber von der Landesregierung zunächst überhaupt keine Entscheidung und 1976 eine Ablehnung. Schließlich endete der Streitfall vor der höchsten Instanz, dem Bundesverfassungsgericht.

Das richtungsweisende »FRAG-Urteil« wurde am 16. Juni 1981 verkündet. Gegenstand des Verfahrens war »die Frage, ob die Vorschriften des Gesetzes über die Veranstaltung von Rundfunksendungen im Saarland, welche die private Veranstaltung von Rundfunksendungen in deutscher Sprache betreffen, mit dem

Grundgesetz vereinbar« seien. Die Richter erklärten das saarländische Rundfunkgesetz teilweise für verfassungswidrig, da die Kriterien für die Vergabe der Konzession unzureichend waren. Den privaten Rundfunk als solchen hingegen beurteilten die Richter als verfassungsgemäß. Im Hinblick auf die Wahrung der Meinungsvielfalt entwickelte das Gericht zwei denkbare Modelle – das »binnenpluralistische« und das »außenpluralistische«. Beim außenpluralistischen Modell wird die Vielfalt der Meinungen durch die Vielfalt der Sender sichergestellt. Dabei habe »der Gesetzgeber für den Inhalt des Gesamtprogramms Leitgrundsätze verbindlich zu machen, die ein Mindestmaß von inhaltlicher Ausgewogenheit, Sachlichkeit und gegenseitiger Achtung gewährleisten«.

Das binnenpluralistische Modell verlangt von jedem einzelnen Sender eine Kontrollinstanz, die garantiert, dass die Meinungsvielfalt unterschiedlicher gesellschaftlich bedeutender Kräfte zum Tragen kommt.

Dazu heißt es in der Urteilsbegründung: »Wenn das saarländische Gesetz die Freiheit des Rundfunks durch eine den bestehenden öffentlich-rechtlichen Anstalten ähnliche ›binnenpluralistische‹ Struktur der einzelnen Veranstalter zu gewährleisten sucht, so ist das grundsätzlich ein Weg, auf dem sich der verfassungsrechtlich gestellten Aufgabe genügen lässt«. Mit diesen Worten war der grundsätzlich verfassungsgemäße Charakter des privaten Fernsehens klar zum Ausdruck gebracht. Allerdings müsse bei der binnenpluralistischen Struktur hinsichtlich eines Kontrollrates sichergestellt werden, so die Urteilsbegründung weiter, dass dessen »Einfluss ein effektiver ist; darin liegt nach der Konzeption dieses Modells die ausschlaggebende Gewähr dafür, dass der Rundfunk nicht nur einer Richtung oder einem Interesse, insbesondere dem unternehmerischen Interesse der Trägergesellschaft, zu Lasten der durch die Rundfunkfreiheit geschützten Belange dienstbar gemacht wird. Insoweit sind daher an gesetzliche Regelungen privaten Rundfunks strenge Anforderungen zu stellen.«

Mit diesem Urteil hatten die Bundesländer eine Grundlage, um schließlich Landesmediengesetze zu verabschieden, die privaten Rundfunk und damit das Privatfernsehen ermöglichen. Noch am 24. Juni 1981 hatte sich das Bundeskabinett gegen einen kommerziellen Rundfunk ausgesprochen, die CDU/CSU indessen befürwortete die Entwicklung.

Nicht erst seit Ende der 60er Jahre und mit der ab 1969 regierenden links-liberalen Koalition wurde von Seiten der CDU/CSU bemängelt, die ARD sei zu linkslastig. Vorwürfe wie »ideologische Einseitigkeit« oder Gesinnungsjournalismus« sorgten in den 70er Jahren für eine polarisierte und gespannte Situation. Der Streit eskalierte infolge der Berichterstattung des NDR über das geplante Kernkraftwerk im niedersächsischen Brockdorf im Herbst 1976. Schleswig-Holsteins Ministerpräsident Gerhard Stoltenberg hielt die Berichterstattung für unausgewogen und bemängelte eine »Überbetonung so genannter linker, gesellschaftskritischer Positionen«. Auch betrachtete er regionale Interessen als nicht ausreichend im NDR-Programm berücksichtigt. Der niedersächsische Ministerpräsident Ernst Albrecht schloss sich dieser Kritik an. Am 8. Juni 1978 kündigte Stoltenberg den NDR-Staatsvertrag zum 31. Dezember 1980. Albrecht wollte indessen den Rundfunk gänzlich umstrukturieren und kündigte den Staatsvertrag ebenfalls.

Schleswig-Holsteins Ministerpräsident Gerhard Stoltenberg konnte seine Pläne für eine neue Rundfunkanstalt nicht durchsetzen.

Beide beabsichtigten, mittels neuer Landesrundfunkgesetze den staatlichen Einfluss auf das Programm des öffentlich-rechtlichen Rundfunks zu verstärken. Es sollte eine neue Rundfunkanstalt beider Länder gegründet werden – ohne das SPD-regierte Hamburg. Außerdem sollten privaten Rundfunkanbietern NDR-Frequenzen zur Verfügung gestellt werden. »Die Dreiländeranstalt ist tot«, erklärte Albrecht Anfang 1980. Das Bundesverwaltungsgericht bereitete

»Holocaust« – ein Vierteiler mit Folgen

Am 22./23. und 25./26. Januar 1979 lief in den Dritten Programmen der ARD der vierteilige amerikanische Fernsehfilm »Holocaust«. Nahezu die Hälfte der erwachsenen Zuschauer sah mindestens eine der vier Episoden. Der Film zeigte anhand von Einzelschicksalen die Verfolgung und Ermordung von Juden während des Nationalsozialismus. Nach der Ausstrahlung wurde intensiv darüber diskutiert, ob die NS-Zeit bis dahin überhaupt angemessene Aufarbeitung gefunden hatte.

Das erste Dokumentationsprojekt im Fernsehen war »Das Dritte Reich«, eine 14-teilige Reihe von Heinz Huber, Arthur Müller, Gerd Ruge und Waldemar Besson, 1960 ausgestrahlt. Das Thema Nationalsozialismus war zu dieser Zeit weitgehend tabuisiert.

Am 12. Juli 1982 begann im Ersten Programm die Serie »Blut und Ehre« über die Jugend im Dritten Reich. Im Dezember 1982 wurde die erfolgreiche vierteilige Dokumentation in den USA von über 100 Sendern ausgestrahlt. Am 17. Oktober 1982 folgte die Dokumentation »Europa unterm Hakenkreuz« des Süddeutschen Rundfunks, unterbrochen durch die Wiederholung der »Holocaust«-Serie.

Am 31. März 1983, dem 50. Jahrestag der Machtübernahme durch die Nationalsozialisten, wurde unter anderem die Verfilmung von Klaus Manns Roman »Mephisto« mit Klaus Maria Brandauer in der Hauptrolle gesendet. »Mephisto« kritisiert die opportunistische Haltung von Künstlern im nationalsozialistischen Kulturbetrieb und bezieht sich auf den Schauspieler, Regisseur und Intendanten Gustav Gründgens, der im Dritten Reich eine beachtliche Karriere machte.

allerdings den Plänen zu einem »Zweiländerfunk« ein rasches Ende. Albrecht hatte den Staatsvertrag nicht fristgerecht gekündigt. Schleswig-Holstein war »vorerst draußen vor der Tür«, verkündete die Tagesschau noch am 28. Mai 1980. Gemeinsam mit Hamburgs Erstem Bürgermeister Hans-Ulrich Klose einigten sich Stoltenberg und Albrecht im Spätsommer 1980 auf einen neuen Rundfunkstaatsvertrag für alle drei Länder. Der NDR war gerettet, der von CDU und CSU vorgetragene Wunsch nach einem privaten Rundfunk bestand nach wie vor – besonders auch, weil die nötigen technischen Voraussetzungen mittlerweile gegeben waren.

Die Wende in der Medienpolitik – Kurswechsel in Richtung Privatfernsehen

Über Jahre hinweg zeigte sich die sozial-liberale Koalition als Gegner des privaten Fernsehens in der Bundesrepublik. »Wir dürfen nicht in Gefahren hineintaumeln, die akuter und gefährlicher sind als die Kernenergie«, warnte Kanzler Helmut Schmidt noch 1979 und stoppte die Verkabelungspläne des damaligen Postministers Kurt Gscheidle. Mit seiner Ablehnung des Privatfernsehens stand Schmidt keineswegs alleine. Die CDU/CSU-Opposition dagegen forderte, die Kabelnetze rasch und großflächig auszubauen und Kapazitäten für private Fernsehanbieter zu schaffen.

Im Spätsommer 1982 zerbrach schließlich die sozialliberale Koalition. In der Wirtschafts- und Sozialpolitik herrschte Uneinigkeit zwischen SPD und FDP, deren Bundesminister am 17. September 1982 zurücktraten. Am 1. Oktober 1982 wählten die Abgeordneten des Deutschen Bundestages im Zuge eines gegen Schmidt gerichteten konstruktiven Misstrauensvotums Helmut Kohl zum neuen Bundeskanzler. Das Fernsehen berichtete live von diesem Ereignis.

Mit dem neuen CDU-Kanzler änderte sich alsbald auch die bundesdeutsche Medienpolitik. Schon in seiner ersten Regierungserklärung kündigte Kohl an, er wolle »den Weg freigeben für die Anwendung moderner Techniken und die Entwicklung neuer Technologien, vor allem im Kommunikationswesen«. Kohl setzte auf Wachstum und Programmvielfalt: »Von dem geplanten Ausbau der Kabelnetze, der Einführung neuer Dienste sowie der Einbeziehung der Satellitentechnik in ein modernes Kommunikationsnetz« sollten nicht nur »wirkungsvolle Anstöße für Investitionen und neue Technologien ausgehen«, die neue Medienpolitik wollte vor allem auch das private Fernsehen möglichst schnell verwirklichen.

Bundeskanzler Helmut Schmidt gratuliert seinem Nachfolger Helmut Kohl im Oktober 1982 zu dessen Erfolg.

Zweifelsohne stießen die Pläne der neuen Regierung auf heftige Widerstände. Kritiker sahen vor allem die Gefahr, dass das zukünftige Programm sich wegen der begehrten Werbeeinnahmen nur noch um die Einschaltquoten drehen würde, so dass nicht mehr die Qualität einer Sendung entscheidend wäre, sondern deren Publikumswirksamkeit.

Außerdem wurde die Befürchtung laut, dass Kinder und Jugendliche angesichts einer erweiterten Angebotsfülle zuviel fernsehen würden. Aber gerade ein weites Angebot neuer Programme könnte die vom Verfassungsgericht geforderte Meinungsvielfalt sichern, argumentierte dagegen unter anderen der damalige CDU-Postminister Christian Schwarz-Schilling, der den Verkablungsstopp Helmut Schmidts aufhob und die Verkablung der Bundesrepublik eilig vorantrieb.

Es war schon vor dem Regierungswechsel 1982 absehbar, dass privates Fernsehen früher oder später zum bundesdeutschen Fernsehalltag gehören würde. Das politische und wirtschaftliche Interesse bestand schon lange. Die Karlsruher Verfassungsrichter hatten zudem den rechtlichen Weg geebnet. Vor allem aber war die notwendige Technik verfügbar, um ein weit größeres Programmangebot zu verwirklichen als bisher. Die öffentlich-rechtlichen Sendeanstalten mussten sich also auf neue Mitbewerber einstellen.

Dass dabei so manches Erfolgsrezept aus den USA übernommen wurde, war nicht neu. So hatten »Soap Operas« bereits begeisterte Aufnahme bei den Fernsehzuschauern gefunden, amerikanische Serien, ursprünglich konzipiert, um Werbezeiten zu verkaufen. Den Anfang machte ein Jahr vor der medienpolitischen Wende in Bonn das Erste Programm; hier ging am 30. Juni 1981 erstmals die Serie »Dallas« mit Larry Hagman als Bösewicht John Ross, »J. R.«, Ewing auf Sendung. Geld, Macht, Intrigen und Öl sorgten fortan für Zuschauerrekorde. Mit Unterbrechungen lief Dallas bis zum 20. Oktober 1991. Das ZDF ließ nicht lange auf sich warten und strahlte am 24. April 1983 erstmals den »Denver-Clan« aus. John Forsythe, Linda Evans und Joan Collins garantierten ebenfalls mit Geld, Macht, Intrigen und Öl höchste Einschaltquoten.

Nicht nur die Bundesregierung forcierte das Privatfernsehen, auch die Wirtschaft unterstützte die Ent-

Der Medienunternehmer Leo Kirch erkannte früh die Möglichkeiten des Privatfernsehens.

wicklung. Der Medienunternehmer Leo Kirch etwa versprach sich davon lukrative Möglichkeiten, Filmrechte zu vermarkten. Als privater Fernsehunternehmer und Betreiber eigener Sender würde er seine Monopolstellung doppelt festigen.

Um von Leo Kirch unabhängig zu werden, kamen Vertreter der ARD 1983 erstmals auf die Idee, selbst in die USA zu reisen, um dort Filme einzukaufen. Was für Kirch seit Jahrzehnten eine Selbstverständlichkeit war, feierte der öffentlich-rechtliche Sender 1984 als »spektakulären Deal«: Die ARD hatte in den USA auf eigene Faust Filmrechte erworben, und zwar Rechte an Produktionen der »Metro-Goldwyn-Mayer/United Artists« für die folgenden 15 Jahre, darunter auch James-Bond-Filme. Kirch reagierte auf diese Untreue der ARD sehr zornig, schließlich war damit sein Jahrzehnte währendes Monopol angetastet worden. Verhindern konnte er den »spektakulären Deal« trotz aller Bemühungen nicht – für den »Medienmogul« der erste Rückschlag in seiner Karriere.

Die Kabelpilotprojekte in Deutschland – Programmstart der Privaten

Schon Bundeskanzler Willy Brandt hatte 1973 in seiner Regierungserklärung angekündigt, dass er eine »Kommission für den Ausbau des technischen Kommunikationssystems« (KtK) ins Leben rufen wolle, mit deren Hilfe »die Bundesrepublik zusammen mit den Ländern, der Wissenschaft und der Wirtschaft ihre Vorschläge entwickeln« sollte. Die Kommission trat bereits im Februar 1974 zusammen. Im Telekommunikationsbericht schlug die KtK 1975 Modellversuche vor, um zu klären, wie die Fernsehzuschauer auf ein breiteres Programmangebot reagieren. Die Kommission empfahl in ihrem Bericht von 1976 auch Versuchsprojekte zum Kabelfunk – einschließlich Kabelfernsehen.

Vor dem Hintergrund eben dieser Empfehlung einigten sich die Ministerpräsidenten der Länder bei ihrem Beschluss zu den örtlich und zeitlich begrenzten Kabelprojekten im Jahr 1978 auf die Standorte Berlin, Ludwigshafen-Mannheim, Köln oder Wuppertal und München. Satt Köln oder Wuppertal fiel die Entscheidung jedoch auf Dortmund und statt in Ludwigshafen-Mannheim wurden die Versuchskabel in Ludwigshafen-Vorderpfalz verlegt.

Am 14. November 1980 einigten sich die Ministerpräsidenten mit dem »Kronberger Beschluss« darauf, den »Kabelgroschen« einzuführen, um die Kabelpilotprojekte zu finanzieren. Ein Beitrag von 20 Pfennig bzw. etwa 10 Cent wurde auf die monatlichen Rundfunkgebühren aufgeschlagen.

Die Post als Monopolist sollte die Kabel verlegen und bis in die Häuser der Zuschauer führen. Die Hausnetze – als »Netzebene IV« bezeichnet – der Post zu überlassen, hätte indessen die mittelständischen Radio- und Fernseh-Betriebe benachteiligt. Das Handwerk setzte sich durch und im Sommer 1984 einigte man sich, dass die Post das Kabel bis an den Übergabepunkt – zumeist im Keller eines Hauses – verlegt.

Unter den vier Versuchsprojekten nahm Ludwigshafen eine Sonderstellung ein. Das dortige Projekt sah vor, dass erstmals privatwirtschaftliche Anbieter ihre Programme einspeisen durften. Damit wurde Ludwigshafen zum Geburtsort des privaten Fernsehens in Deutschland. Der »medienpolitische Urknall« in Deutschland fand am 1. Januar 1984 um 9.58 Uhr statt. »Meine sehr verehrten Damen und Herren, in diesem Moment sind Sie Zeuge des Starts des ersten privaten Fernsehveranstalters in der Bundesrepublik Deutschland« – mit diesen Worten meldete sich der Geschäftsführer der »Programmgesellschaft für Kabel- und Satellitenrundfunk« (PKS) Jürgen Doetz aus einem Ludwigshafener Kellerstudio zu Wort. Doetz begrüßte die Zuschauer gemeinsam mit der Moderatorin Irene Joest. Das Studio gehörte der »Anstalt für Kabelkommunikation« (AKK).

Den »Startknopf« zum Ludwigshafener Kabelprojekt drückte am 1. Januar 1984 der Rheinland-Pfälzische Ministerpräsident Bernhard Vogel (CDU). Direkt dahinter: Christian Schwarz-Schilling, von 1982 bis 1992 Bundesminister für Post und Telekommunikation.

Die Programmgesellschaft für Kabel- und Satellitenrundfunk, an der auch Leo Kirch beteiligt war, wurde genau ein Jahr später in »Sat.1« umbenannt. Der »Urknall« des privaten Fernsehens in Deutschland fand im kleinen Kreis statt: nur einige Hundert Zuschauer erlebten den PKS-Programmstart am heimischen Bildschirm mit, insgesamt waren ca. 1200 Anschlüsse empfangsbereit und nicht vor jedem Gerät jedem saß am Neujahrsvormittag 1984 ein Zuschauer. Neben dem üblichen Fernsehprogramm waren insgesamt acht weitere Kanäle zu empfangen. Kommerzielle Unternehmen wie etwa die »Frankfurter Allgemeine Zeitung« waren am Projekt ebenso beteiligt wie das ZDF und der Südwestfunk. Letzterer nutzte das Pilotprojekt, um seinen Bildungskanal »Der Schlaue Kanal« zu testen, während das ZDF ein zusätzliches Musikprogramm beisteuerte. Auch einen »Offenen Kanal« gab es, an dessen Programmgestaltung Bürger mitwirken konnten. Ferner wurde per Satellit ein englischsprachiges Programm ins Netz eingespeist. Später setzte sich Kirch gegenüber den Zeitungsverlegern durch und machte Sat.1 zu seinem Flagschiff.

Einen Tag nach dem »Urknall« in Ludwigshafen ging im Großherzogtum Luxemburg das dortige Radio Luxemburg erstmals mit dem deutschsprachigen Fernsehsender »RTL plus« auf Sendung. Rainer Holbe war Moderator der ersten Stunde, dann gab es Nachrichten mit Hans Meiser, Geert Müller-Gerbes und Björn Hergen Schimpf. Die damaligen Studios von RTL plus waren umgebaute Garagen.

Von Anfang an konnte man den Sender über Hausantennen empfangen. Dennoch waren die Zuschauerzahlen zunächst vergleichsweise gering. Nur etwa 200.000 Haushalte in Nordrhein-Westfalen, Rheinland-Pfalz und im Saarland konnten das damals aus Dudelange in Luxemburg ausgestrahlte Programm mit Hilfe einer Zusatzantenne se-

Das Logo von RTL plus.

hen. In die Kabelnetze wurde RTL plus erst ab Sommer 1985 eingespeist.

An RTL plus war die Bertelsmann AG damals mit 40 Prozent beteiligt. Verschiedene west- und südwestdeutsche Zeitungsverlage beteiligten sich am RTL-Programm mit »Lokalfenstern«, die sie selbst produzierten. Auch die Bertelsmann AG war mit Eigenproduktionen im Programm vertreten.

Nach dem erfolgreichen Start des Kabelfernsehens in Ludwigshafen folgte das Projekt in München am 1. April 1984. Dort waren anfangs 700 von 58.000 Haushalten im Versuchsgebiet angeschlossen und hatten so Zugriff auf 16 Fernsehprogramme. In München wurden via Satellit nicht nur englische, sondern auch französische Sendungen eingespeist.

Der Startknopf zum dritten Kabelversuchsprojekt wurde am 1. Juni 1985 in Dortmund gedrückt. Dort zeichnete der WDR für das Kabelprojekt verantwortlich. Auch in Dortmund gab es einen »Offenen Kanal«, für den der WDR die nötigen Studiogerätschaften, Kameras usw. zur Verfügung stellte.

In Berlin begann das Kabelprojekt zwar erst am 28. August 1985, aber mit weit über 200.000 Kabelanschlüssen verfügte die Stadt nach New York und Amsterdam sehr bald über das weltweit größte innerstädtische Kabelnetz.

Technisch erwiesen sich die Kabelnetze bereits als voll funktionsfähig, und so war bald klar, dass es für die zukunftweisende Technik nicht bei Pilotprojekten bleiben würde. Zwar waren die Versuche zeitlich befristet, aber niemand hätte das Programmangebot wieder beenden wollen, zumal gewaltige Geldsummen in die Projekte geflossen waren. Problematisch war allerdings, dass das Verfassungsgericht sowohl Staatsferne als auch eine ausgewogene Programmvielfalt verlangt hatte. Folglich mussten die Bundesländer Landesrundfunkgesetze schaffen, die den Gegebenheiten des nunmehr vorhandenen privaten Fernsehens und deren Verhältnis zum öffentlich-rechtlichen Rechnung trugen.

Die »Eins«
Seit dem 1. Oktober 1984 nennen die Landesrundfunkanstalten der ARD ihr Gemeinschaftsprogramm offiziell »Erstes Deutsches Fernsehen«. Die große Eins als Programm-Symbol hat der WDR-Grafiker Stephan Boeder gestaltet. Mit dem Zusatz »Radio & TV« avancierte die Eins später zum Logo der gesamten ARD. Seit 1994 gilt für das ARD-Gemeinschaftsprogramm die Bezeichnung »Das Erste«.

Dieses Logo wurde von 1994 bis 2005 verwendet.

ARD
Das Erste

Mehr als die Hälfte der deutschen Fernsehhaushalte nutzten 2006 das Kabelfernsehen. Mit weit über 20 Mio. Anschlüssen liegt die Verkabelungsrate bei etwa 70 Prozent. Das deutsche Kabelnetz gilt derzeit als das weltweit größte.

Analoges Kabelfernsehen kann mit jedem normalen Fernsehgerät empfangen werden. Digitales Kabelfernsehen, das es schon seit Ende der 90er Jahre gibt, erfordert einen speziellen Decoder, der die Signale des »Digital Video Broadcasting-Cable« (DVB-C) verarbeiten kann. Das DVB-Signal erlaubt auch die Übertragung des hochauflösenden Fernsehens, HDTV, das in naher Zukunft Standard werden wird. Der besondere Vorteil der digitalen Technik liegt darin, dass sich damit weit mehr Programme übertragen lassen als auf analoge Weise. 2010 soll in Deutschland die Umstellung auf die digitale Technik abgeschlossen sein und die analoge Übertragung enden.

Das deutsche Kabelfernsehen wird in vier »Netzebenen« aufgeteilt: Netzebene 1 besteht aus den Fernseh- und Hörfunkstudios selbst. Netzebene 2 ist die Verteilung über die Sender, Satelliten und Richtfunk einschließlich der entsprechenden Empfangsstellen, die das Programmangebot zusammenfassen. Die Netzebene 3 stellt das Kabelnetz dar, das bis in die Haushalte reicht. Die Ebene 4 erstreckt sich vom Hausverteiler bis hin zur Dose an der Wand.

Das bundesdeutsche Kabelnetz wurde zunächst von der Post, dann von der Deutschen Telekom ausgebaut. Diese wiederum hat die Kabelnetze aus kartellrechtlichen Gründen ab 1999 an verschiedene Gesellschaften verkauft.

In der Region Baden-Württemberg gibt es heute »Kabel BW«, in Nordrhein-Westfalen gab es »ish« und in Hessen »iesy«. Beide Netzbetreiber gehören inzwischen der »Unity Media« mit Sitz in Köln. Unity Media hatte im Sommer 2006 über 5 Mio. Kunden im Bereich des analogen Kabelfernsehens. Beim digitalen Fernsehen waren es knapp 250.000 Kunden.

Der mit Abstand größte Netzbetreiber ist Kabel Deutschland (KDG). Das Unternehmen mit Sitz in München-Unterföhring betreibt Netze in 13 Bundesländern. Neben diesen Betreibern der Ebenen 2 und 3 gibt es noch eine Vielzahl kleinerer Anbieter, die zumeist vorwiegend als Dienstleister der Ebenen 3 und 4 tätig sind. »Orion Cable« etwa hat »Tele Columbus« und »ewt multimedia« übernommen und ist somit Deutschlands größter Kabelnetzbetreiber der Netzebene 4.

Das digitale Kabelfernsehen bietet neben verschiedenen öffentlich-rechtlichen und privaten Programmen, die mit Digitalreceivern (von der monatlichen Gebühr für den Kabelanschluss abgesehen) frei zu empfangen sind, also dem sogenannten »Free-TV«, auch diverse kostenpflichte Programme bzw. »Pay-TV«-Pakete an. Kabel Deutschland etwa hat neben dem Premiere-Paket auch »Kabel Digital Home« im Angebot, das 34 Fernsehprogramme umfasst. Kabel BW wirbt sogar mit über 65 TV-Sendern, die gegen zusätzliche Gebühr zu empfangen sind. »Kabel digital International« wiederum bietet zusätzlich digitales Fernsehen in diversen Sprachen.

Das Breitband-Kabelnetz bietet neue multimediale Perspektiven. Dazu zählt zum Beispiel die Internet-Telefonie, *Voice over IP*, und die Internetnutzung. »Kabel Internet« und »Kabel Phone« sind Zugänge, die keinen Telefonanschluss mehr benötigen. Dort, wo ein Kabelanschluss besteht, der den Internetzugang ermöglicht, ist somit eine preislich interessante Alternative zum DSL-Anschluss gegeben. Der Anschluss muss »rückkanalfähig« sein, denn Computer, die mit dem Internet verbunden sind, müssen Daten nicht nur empfangen, sondern auch senden können. Der Ausbau des »Kabel Internet« wird in Deutschland inzwischen zügig vorangetrieben. Auf ihren Internet-Seiten stellen die Kabelnetzbetreiber zumeist genaue Listen zur Verfügung, wo »Kabel Internet« (und damit auch automatisch »Internet Phone«) bereits verfügbar ist und welche Kosten anfallen.

Das Vierte Rundfunkurteil und der Rundfunkstaatsvertrag von 1987

Das »Duale System« von privaten und öffentlich-rechtlichen Anbietern bedurfte also eines rechtlichen Rahmens auf Länderebene. Am 23. Mai 1984 erhielt Niedersachsen als erstes Bundesland ein Landesrundfunkgesetz, das die Zulassung des Privatfernsehens als Dauereinrichtung regelte. Dabei war die Ausgewogenheit von Programmen inländischer privater Anbieter vorgesehen. Sollte die Ausgewogenheit durch die Zahl der Sender nicht gewährleistet sein, galt der Grundsatz der Ausgewogenheit für jeden einzelnen. So hatte es auch das Verfassungsrecht 1981 vorgegeben.

Helmut Thoma, Jahrgang 1939, wurde 1982 Programmdirektor des deutschsprachigen RTL-Programms. 1983 hat Thoma den Bertelsmann-Konzern als Partner für RTL plus gewinnen können. Ab 1984 war Thoma auch Programmdirektor von RTL plus. 1990 wurde er Alleingeschäftsführer von RTL Deutschland und sorgte mit einem Plus von 40 Mio. DM für stattliche schwarze Zahlen. Zwei Jahre später hatte RTL 19,4 Prozent Marktanteil und war der am meisten eingeschaltete Sender. Thoma zog sich am 1. November 1998 aus der RTL-Geschäftsführung zurück.

Noch im November 1984 strengte die SPD-Bundestagsfraktion ein Normenkontrollverfahren an. Das Verfassungsgericht sollte prüfen, ob das niedersächsische Gesetz dem Grundgesetz entsprach. Die SPD hielt wesentliche Teile für nicht verfassungsgemäß. Das Verfassungsgericht fällte schließlich am 4. November 1986 das »Vierte Rundfunkurteil«, das auch als »Niedersachsen-Urteil« bekannt ist. Im Wesentlichen betrachteten die Verfassungsrichter das Gesetz als verfassungsgemäß, erklärten aber gewisse Bestimmungen für verfassungswidrig, weil diese die Rundfunkfreiheit einschränkten.

Die Richter erklärten »die unerlässliche ›Grundversorgung‹« zur »Sache der öffentlich-rechtlichen Anstalten«. Deutlich unterschieden die Richter konsequenterweise auch die Anforderungen, die an öffentlich-rechtliche und private Sender zu stellen sind: »Solange und soweit die Wahrnehmung der genannten Aufgaben durch den öffentlich-rechtlichen Rundfunk wirksam gesichert ist, erscheint es gerechtfertigt, an die Breite des Programmangebots und die Sicherung gleichgewichtiger Vielfalt im privaten Rundfunk nicht gleich hohe Anforderungen zu stellen wie im öffentlich-rechtlichen Rundfunk«, so das Urteil.

Die »Grundversorgung« teilten die Richter in drei Aspekte: Öffentlich-rechtliche Programme müssen allgemein flächendeckend empfangen werden können, inhaltliche Standards der Programme hinsichtlich Information, Unterhaltung und Kultur müssen erfüllt werden und jeder Sender muss die Meinungsfreiheit sichern.

Dem entgegen besteht beim Privatfernsehen, das durch Werbeeinnahmen finanziert wird, die Tendenz, dass im Interesse hoher Einschaltquoten vorwiegend populäre und »massenattraktive« Programme geboten werden. Solange der öffentlich-rechtliche und gebühren-finanzierte Rundfunk also die Grundversorgung sicherstellt, ist das private Fernsehen auch mit einem geringeren Standard an Vielfalt zulässig.

Mit dem Niedersachsen-Urteil hat das Verfassungsgericht die Grundzüge der dualen Rundfunkordnung von öffentlich-rechtlichem und privatem Fernsehen in der Bundesrepublik Deutschland festgeschrieben.

Ein Jahr später bestätigte das Verfassungsgericht seine Position nochmals im »Fünften Rundfunkurteil« bzw. dem »Baden-Württemberg-Beschluss«. Bezogen auf das Baden-Württembergische Landesrundfunkgesetz von 1985 hoben die Verfassungsrichter darin hervor, dass »Grundversorgung« nicht mit »Minimalversorgung« gleichzusetzen sei und dass der Rundfunkbegriff ein dynamischer ist. Auch »rundfunkähnliche Kommunikationsdienste«, wie Online-Dienste, werden seither mit einbezogen.

Mit den vorliegenden Rundfunkurteilen war 1986 der Weg geebnet zum Rundfunkstaatsvertrag vom 1. und 3. April 1987. Dieser »Staatsvertrag zur Neuordnung des Rundfunkwesens« wurde inzwischen wiederholt modifiziert und den sich ändernden Rahmenbedingungen – etwa durch neue Technologien oder die Wende in der ehemaligen DDR – angepasst. Am 31. August 1991 etwa wurde der »Staatsvertrag über den Rundfunk im vereinten Deutschland« geschlossen. Weitere Änderungen folgten, so trat am 1. April 2005 bereits der »Achte Rundfunkänderungsstaatsvertrag«

Weitere Rundfunkurteile
Bis Ende der 90er Jahre wurden vom Verfassungsgericht in Karlsruhe noch weitere Rundfunkurteile gefällt. Nach den bisher erwähnten fünf Urteilen folgte das Sechste Rundfunkurteil, das »WDR/NRW-Urteil« vom 5. Februar 1991. Es enthält die Bestands- und Entwicklungsgarantie für den öffentlich-rechtlichen Rundfunk. Die Mischfinanzierung öffentlich-rechtlicher Anstalten, indem beispielsweise Rundfunkproduktionen verwertet werden, ist seither zulässig. Außerdem sind für die Programmübertragung der Öffentlich-Rechtlichen auch neue Techniken und Dienste zulässig, wobei deren Programmangebot gleichfalls für neue Themen, Formen und Inhalte offen sein muss. Das Siebte Rundfunkurteil folgte ein Jahr später: Der »HR 3-Beschluss« vom 6. Oktober 1992 bestätigte, dass Werbung im Dritten Programm des HR verboten ist.
Urteil Nummer 8, das »Gebührenurteil« vom 22. Februar 1994, bestimmt, dass die Rundfunkgebühren ohne staatlichen Einfluss festzusetzen sind. Die Lenkung des Programms bzw. eine Medienpolitik, die das Thema Gebühren als Druckmittel einsetzt, ist damit unzulässig. Zudem gilt es, die Interessen der Gebührenzahler zu berücksichtigen. Weitere Urteile beschäftigten sich mit Fernsehaufnahmen im Gerichtssaal, mit der »Europäischen Fernsehrichtlinie« oder sorgten für Klarheit in Sachen Kurzberichterstattung: Um Informationsmonopole bei Exklusivübertragungsrechten zu verhindern, muss Fernsehsendern bei »Veranstaltungen und Ereignisse, die öffentlich zugänglich und von allgemeinem Informationsinteresse sind« ein unentgeltliches »Kurzberichterstattungsrecht« – zumeist sind das 90 Sekunden – eingeräumt werden.

in Kraft. »Dieser Staatsvertrag«, so heißt es in der Präambel, »enthält grundlegende Regelungen für den öffentlich-rechtlichen und den privaten Rundfunk in einem dualen Rundfunksystem der Länder des vereinten Deutschlands.«

Im richtungsweisenden Vertragswerk von 1987 einigten sich die alten Bundesländer darauf, dass die öffentlich-rechtlichen Anstalten die Grundversorgung zu gewährleisten haben. Der Gesetzgeber muss dafür die notwendigen Voraussetzungen schaffen – vor allem auch in finanzieller Hinsicht. Sofern in der Bundesrepublik nicht wenigstens drei private Vollprogramme verfügbar seien, müssen die privaten Anbieter für innere Meinungsvielfalt sorgen.

Das Satellitenfernsehen eröffnet neue Horizonte

Nachdem bereits 1962 die ersten Fernsehbilder mit Hilfe des Satelliten »Telestar« quer über den Atlantik live übertragen werden konnten, zeichnete sich rasch ab, dass die rasanten technologischen Fortschritte ein Satellitenfernsehen globaler Größenordnung ermöglichten. Schon im April 1964 verkündete der Chef der Radio Corporation of America (RCA), David Sarnoff (1891–1971), auf der New Yorker Weltausstellung, in Kürze werde es weltweite Fernsehausstrahlungen via Satellit geben. Tatsächlich wurden bereits im Juli des Jahres Fernsehbilder von der Olympiade in Japan weltweit übertragen. Noch im selben Monat konnte die Mondsonde Ranger VII die ersten Fernsehbilder von der Mondoberfläche zur Erde schicken. Zur selben Zeit wurden die beiden Wettersatelliten »Nimbus A« und »Tiros« in 920 km Höhe positioniert. Sie lieferten die ersten Satellitenbilder von der irdischen Wetterlage.

Die regelmäßige Nutzung des Satellitenfernsehens begann am 6. April 1965. Damals startete der erste kommerzielle geostationäre – also fest positionierte – Satellit »Intelsat I« (Early Bird). Nur zwei Jahre später folgte »Intelsat II«. Hatte der erste Satellit nur eine Kapazität von 40 Watt, steigerte sich die Sendeleistung der Folgemodelle bereits in den 70er Jahren bis zu Größenordnungen im Kilowattbereich. Dadurch konnten die »Satellitenschüsseln« für den Empfang der Daten derart verkleinert werden, dass ein direktes und flächendeckendes Satellitenfernsehen möglich wurde. Die privaten Endverbraucher benötigten nur einen Satelliten-Receiver mit einer Parabolantenne bzw. »Satelliten-Schüssel« von 45, 60 oder 90 cm Durchmesser, die mit einem passenden LNB an den Fernseher angeschlossen wurde, um die Programme empfangen zu können. LNB steht für »Low Noise Block Converter«. Dieses Bauteil sitzt im Brennpunkt der Parabolantenne und setzt die Satelliten-

Schon 1962 konnten mit dem Satelliten Telestar erfolgreich Fernsehbilder quer über den Atlantik übertragen werden. In den Folgejahren wurde die Satellitentechnik drastisch verbessert.

frequenzen um in Frequenzen, die per Kabel zum Receiver geleitet werden.

In den 70er Jahren fanden weltweite Konferenzen der »Union Internationale des Télécommunications« (UIT) statt, um das Satellitenfernsehen weltweit zu koordinieren, Frequenzbereiche zuzuweisen und Sendekanäle zuzuteilen. In der Folge beschlossen die deutsche und die französische Regierung am 1. und 2. Oktober 1979, in gemeinschaftlicher Arbeit Rundfunksatelliten zu bauen – zunächst waren das die im Grundsatz identischen Satelliten TV-SAT und TDF.

Anfang 1984 – zur »Pionierzeit« des privaten Fernsehens in Deutschland – wurde der erste deutsche Fernseh-Satellit für den Fernsehdirekt-Empfang, TV-SAT, in den Orbit befördert, während TDF noch ein halbes Jahr auf sich warten ließ. Die beiden »Direct-Broadcasting-Satelliten« (DBS) konnten bei einer Sendeleistung von 260 Watt pro Transponder jeweils drei Fernsehkanäle übertragen. Empfangen wurde mit »Umsetzern«, die die Satellitensignale wandelten und für Heimgeräte verfügbar machten.

Der deutsche Nachfolger TV-SAT 1 sollte bereits 1986 seine Arbeit aufnehmen, da aber die Trägerrakete »Ariane« abstürzte, verzögerte sich der Start bis zum 21. November 1987. Knapp ein Jahr später folgte TDF 1. Da TV-SAT 1 wegen technischer Mängel unbrauchbar war, trat am 8. August 1989 TV-SAT 2 dessen Nachfolge an. Dieser Satellit, der nur wenige Programme bot, wurde bis zum 31. Dezember 1994 genutzt und dann verkauft.

Das Jahr 1984 war mit dem Start des Ludwigshafener Kabelprojektes und dem laufenden TV-SAT-Projekt in der Tat in medienpolitischer Hinsicht ein »revolutionäres Jahr«, wobei die Geschwindigkeit der technologischen Entwicklung maßgeblich war. Gerade die Satelliten-Technik eröffnete neue Möglichkeiten, so dass die Politik reagieren musste.

Um auf die neue private Konkurrenz vorbereitet zu sein, arbeiteten auch die öffentlich-rechtlichen Sendeanstalten mit den neuen Technologien und schufen

Heute sorgt digitale Satellitentechnologie für weltweite Programmvielfalt.

entsprechende Inhalte. Am 13. Juli 1984 einigten sich ZDF, ORF und die Schweizerische Radio- und Fernsehgesellschaft (SRG) vertraglich über ein Satellitenfernsehen im deutschsprachigen Raum. Damit war »3sat« als Sender für Kultur, Wissenschaft und Bildung geboren. Das sechsstündige Programm, das ab dem 1. Dezember vom ZDF-Sendezentrum aus Mainz gesendet wurde, war zunächst nur für Zuschauer zu sehen, die am Ludwigshafener Pilotprojekt teilnahmen. Fünf Jahre später waren es – dank Satellitentechnik – bereits 7 Mio. Zuschauer. Zu dieser Zeit war die Konkurrenz deutlich gewachsen. So ging bereits am 1. Januar 1989 Pro7 als weiterer privater Anbieter auf Sendung.

Parallel zur sprunghaften Entwicklung der technischen Möglichkeiten setzte die Diskussion um einheitliche Normen für die Übertragung ein. Im Jahr 1985 einigten sich deutsche und französische Politiker auf die Norm »D2-MAC« (Duobinary Multiplexed Analogue Components) für das Satellitenfernsehen. Trotz wiederholter Versuche der EU-Kommission konnte D2-MAC jedoch nicht als alleinige europäische Norm des Satellitenfernsehens durchgesetzt werden. Gleiches gilt für den Nachfolger HD-MAC.

Ebenfalls 1985 – am 1. März – wurde als erster rein privater europäischer Satellitenbetreiber die »Societé Européenne des Satellites« (SES) gegründet, deren Astra-Satelliten Fernsehprogramme in PAL übertrugen. Folglich bestand für die Nutzer kaum Interesse, in die D2-MAC-Technik, wie sie bei den TV-Sat- und TDF-Satelliten eingesetzt wurde, zu investieren. Inzwischen hat sich DVB-S (Digital Video Broadcasting Satellite) als Standard etabliert.

Am 8. Dezember 1989 wurden Pro7, RTL plus und Sat.1 erstmalig über die SES-Astra-Satelliten ausge-

Die Lindenstraße
Am 8. Dezember 1985, genau um 18.40 Uhr, landete die ARD einen Fernseherfolg, der Geschichte schrieb und schreibt – die »Lindenstraße«.
Das vom WDR zusammen mit der Geißendörfer Film- und Fernsehproduktion GmbH (GFF) in Köln-Bocklemünd produzierte Format ist die erste wöchentliche Endlos-Serie bzw. »Weekly-Soap« des deutschen Fernsehens. Thema ist das alltägliche Leben der Menschen in in einer fiktiven Straße in München. Am 13. Januar 2005 lief die 1000. Folge. Hans W. Geißendörfer, der die Serie entwickelt hat, ließ sich dazu von der eigenen Kindheit in einem Mehrfamilienhaus in Neustadt an der Aisch ebenso anregen wie von der englischen Serie »Coronation Street«, die es bereits seit 1960 gibt. Die »Lindenstraße« greift in der Spielhandlung gerne zeitnahe Inhalte und gesellschaftliche Debatten sowie Tabuthemen auf.

strahlt. Damit wurde in Deutschland das Zeitalter des direkten Fernsehempfangs über Satellit eingeläutet.

Nur wenige Monate zuvor war der deutsche Satellit Kopernikus 1 ins All befördert worden. Ursprünglich als Fernmeldesatellit gedacht, wurde Kopernikus jedoch hauptsächlich für die Fernsehübertragung eingesetzt – eine letztlich unwirksame Maßnahme der Deutschen Post, die verhindern wollte, dass die SES auf dem deutschen Fernsehmarkt Fuß fasst.

Heute ermöglichen die SES-Astra-Satelliten den Empfang von mehr als 1700 analogen und digitalen Radio- und TV-Kanälen und können von mehr als 107 Mio. Haushalten in Europa empfangen werden. Die digitalen Programme laufen seit 1996. SES-Astra gehört zu SES-Global, einer Holdinggesellschaft mehrer Satellitenbetreiber mit weltweit über 40 Satelliten.

Die »Europäische Telekommunikations-Satelliten-Organisation«, Eutelsat, wurde schon 1977 als zwischenstaatliche Organisation ins Leben gerufen. Eutelsat wurde 2001 privatisiert und ist heute der drittgrößte Satellitenbetreiber weltweit. Der größte und leistungsfähigste Eutelsat-Satellit, Hot Bird 8, wurde in der Nacht zum 5. August 2006 vom russischen »Weltraumbahnhof« Baikonur in Kasachstan aus in den Orbit befördert. Hot Bird 8 hatte ein Startgewicht von fast fünf Tonnen. Das Schwergewicht überträgt heute alleine 950 Fernsehkanäle sowie 600 Hörfunkprogramme und versorgt gegenwärtig mehr als 110 Mio. Haushalte in Europa, Nordafrika und dem Nahen Osten.

Für Aufsehen sorgte im Frühjahr 2006 eine Ankündigung von SES Astra, dass bisher frei zu empfangende private Fernsehsender zukünftig digital verschlüsselt werden sollen, sodass Gebühren anfallen und ein Dekoder mit entsprechenden Entschlüsselungkarten installiert werden muss. SES-Astra, MTV-Networks und die RTL-Gruppe haben entsprechende Verträge hinsichtlich einer »neuen digitalen Infrastruktur« abgeschlossen. Dieses Projekt namens »Dolphin« soll dazu beitragen, neue interaktive Anwendungen und die Verbreitung des hochauflösenden Fernsehens HDTV zu finanzieren. Die ProSiebenSat.1-Gruppe schließt die Option, sich an der Verschlüsselung zu beteiligen, nicht aus.

Die Privaten setzen sich durch

Die 80er Jahre waren für die privaten Sender eine Zeit der Bewährung, in der sie sich gegen die öffentlich-rechtlichen Sendeanstalten behaupten mussten. Dabei galt es vor allem, sich Werbeeinnahmen zu sichern, denn Rundfunkgebühren blieben den Privaten als Einnahmequelle verwehrt. Hinter dem Privatfernsehen standen von Anfang an schlagkräftige Konzerne wie die Bertelsmann AG, die Axel Springer AG und natürlich auch der Medienunternehmer Leo Kirch.

So wie die ARD seinerzeit die Anfänge des ZDF belächelt hatte, so belächelten nun die öffentlich-rechtlichen Sender gemeinam den Start der privaten in Garagen und Kellerstudios. Doch das Blatt sollte sich schon binnen weniger Jahre deutlich wenden.

Die Verkabelung schritt rasch voran, weitere terrestrische Frequenzen wurden freigegeben und das Satelliten-Fernsehen machte enorme Fortschritte. So konnten die Privatsender ein stetig wachsendes Publikum erreichen, das schon 1987 bei über 1,5 Mio. Zuschauern lag.

Dass Werbeblöcke in Filme oder Shows eingeblendet wurden, war für die Zuschauer zunächst gewöhnungsbedürftig. Andererseits waren die Privatsender, deren Programme anfangs als »albern« und »lächerlich« abgetan wurden, sehr kreativ, wenn es darum ging, Formate zu entwickeln, die beim Zuschauer Anklang fanden. Was nicht genug Quote brachte, wurde sofort wieder gestrichen. Gerne schaute man über den Atlantik, um Ideen und Anregungen zu finden. RTL plus begann 1987 als erster Sender in Deutschland, ein »Frühstücksfernsehen« auszustrahlen. Sat.1 zog nach. Aktuelle Live-Programme mit lockerer Unterhaltung zu früher Stunde kamen beim Zuschauer gut an – das Vorbild stammt aus den USA. Auch Action-Serien wie etwa »Knight Rider« mit David Hasselhoff und seinem sprechenden Auto K.I.T.T. – ab 1985 von RTL plus ausgestrahlt – sorgten für hohe Zuschauerzahlen.

Außer im Unterhaltungsprogramm punkteten die Privaten auch beim Sport. »Die Entscheidung um die Übertragungsrechte der Fußball-Bundesliga ist gefallen«, hieß es in der Zeitschrift »Hörzu« am 3. Juni 1988. Die UFA, eine Tochter der Bertelsmann AG, hatte als erstes privates Medienunternehmen vom Deutschen Fußballbund die Bundesliga-Übertragungsrechte gekauft – für 135 Millionen DM. Damit hatte RTL plus Spitzenfußball im Programm, während die »Sportschau« erst ab 18.30 Uhr für eine knappe halbe Stunde die Ergebnisse zusammenfassen durfte. Auch das »Aktuelle Sportstudio« des ZDF hatte nur noch stark beschränkte Übertragungsmöglichkeiten. Die Übertragungsrechte am Tennisturnier in Wimbledon gingen ebenfalls an die Ufa, sehr zum Bedauern von ARD und ZDF.

Tennis mit Boris Becker und Steffi Graf, die Sendung »Anpfiff« mit umfassenden Bundesliga-Berichten, aber ebenso das »Männermagazin« oder »sexy Follies« trugen dazu bei, RTL eine Spitzenposition in der Zuschauergunst zu verschaffen. Unvergessen bleibt auch die schrille Show »Alles nichts, oder?« mit Hugo Egon Balder und Hella von Sinnen. 1988 war schließ-

Neue Perspektiven mit neuer Kameratechnik
Der technologische Fortschritt erlaubte den Bau zunehmend kleinerer und leichterer, aber dennoch leistungsfähiger Kameras und Camcorder. Damit wurden dem Medium Fernsehen überhaupt erst Möglichkeiten gegeben, nicht nur im Bereich des Journalismus neue Perspektiven zu entwickeln. Beim Motorsport etwa können Minikameras an Rennwagen angebracht werden und die Fahrerperspektive zeigen. Bei Tierfilmen ist es möglich geworden, unter schwierigsten Bedingungen Nahaufnahmen zu liefern. Leichtere Kameras lassen sich an längere Kräne anbringen und so problemlos durch die Luft bewegen, was ebenfalls neuartige Perspektiven erlaubt. Vor allem sind es Aufnahmen mit versteckter Kamera, die nicht nur bei Formaten wie »Verstehen Sie Spaß?« für Gelächter sorgen, sondern auch auf journalistischem Gebiet manch unliebsame Wahrheit ins Licht der Öffentlichkeit rücken.

lich das Jahr, indem RTL plus nach Köln umzog. Aus RTL plus wurde dort schließlich RTL Television – oder einfach nur »RTL«.

Auch Sat.1 legte kräftig zu. Als erste deutsche »Daily Gameshow« startete dort im Oktober 1988 das »Glücksrad«. Die Sendung lief zunächst montags bis freitags ab 19.30 Uhr. Auch hier stand eine US-Reihe Pate. Das »Wheel of Fortune« zählt zu den ältesten Game-Shows der USA.

1989 folgten bei RTL weitere Innovationen wie das Boulevardmagazin »Explosiv«, die Krawallshow »Der heiße Stuhl«, in der polemisch und unausgewogen über provokante Thesen diskutiert wurde, oder die Game-Show »Der Preis ist heiß«. Der Doppelerfolg von Boris Becker und Steffi Graf 1989 in Wimbledon ließ die Quoten und Werbeeinnahmen bei RTL sprunghaft steigen. Mit Geschick und Gespür für erfolgversprechende Formate steigerte RTL-Manager Helmut Thoma zwischen 1988 und 1989 die Werbeumsätze von 62 auf 401 Millionen DM.

Am 31. Dezember 1989 war die ARD mit einem Anteil von 33 Prozent noch immer Marktführer. Die Dritten Programme lagen bei elf Prozent. RTL plus hatte bereits zehn und Sat.1 acht Prozent Marktanteil – Tendenz steigend.

Die Berufsbilder der Hörfunk-, Film- und Fernsehwelt sind vielfältig. Produzenten, Aufnahmeleiter, Regisseure, Kameramänner (und -frauen), Steadycam-Operatoren, Schauspieler, Bild- und Ton-Ingenieure, Lichttechniker, Dramaturgen, Maskenbildner, Fernsehjournalisten, Nachrichtentechniker ...

Ein Beruf aber erscheint vielen medieninteressierten jungen Menschen besonders attraktiv, das ist der »Mediengestalter Bild und Ton«.

Der Wandel hin zur digitalen Technik brachte auch einen Wandel der Berufsbilder mit sich. Schon Ende der 80er Jahre war klar, dass die Ausbildung im Bereich der Produktion dem technischen Fortschritt anzupassen ist. So wurde der Mediengestalter Bild und Ton 1996 zum ersten bundesweit anerkannten Ausbildungsberuf für den Rundfunk. Zehn Jahre später, zum 1. August 2006, wurde das Berufsbild angesichts weiterer Fortschritte in der Medienwelt grundlegend erneuert.

Reizvoll am Ausbildungsberuf Mediengestalter Bild und Ton ist vor allem seine Vielfalt. Die Ausbildung zielt nicht auf eine einzelne Tätigkeit innerhalb der Produktion wie Kameramann, Cutter oder Tontechniker ab, vielmehr geht es darum, den gesamten Produktionsbereich kennen zu lernen, um nach der Ausbildung weiteren technologischen Entwicklungen gewachsen zu sein und offen zu sein für verschiedene Tätigkeitsfelder.

Die Jahrtausendwende mit der Medienkrise und der Kirch-Pleite hat schwere Einbrüche bei den Wachstumsraten der gesamten Fernsehbranche mit sich gebracht. Der Arbeitsmarkt ist folglich auch für Mediengestalter Bild und Ton begrenzt. Der NDR als Deutschlands größter Ausbildungsbetrieb zählt von 1996 bis 2006 knapp 200 Mediengestalter Bild und Ton, die ausgebildet wurden oder sich noch in Ausbildung befinden.

Die meisten Absolventen arbeiten heute in der Kamera- oder Tonassistenz, im Bereich der Grafik, der MAZ-Technik, als Cutter oder Bildmischer, um die wichtigsten Einsatzgebiete zu nennen. Andere erweitern ihre Ausbildung durch ein Studium, um als Ingenieure bei einer Sendeanstalt zu arbeiten. Es gibt ebenso Mediengestalter Bild und Ton, die ein Volontariat – also eine journalistische Ausbildung – anhängen, um anschließend als »Video-Journalist« zu arbeiten.

Die Anforderungen an die Auszubildenden sind grundsätzlich sehr hoch. Neben überdurchschnittlichen PC-Kenntnissen einschließlich der entsprechenden Programme sind gestalterisches Talent und die Fähigkeit des szenischen Denkens für den Ausbildungserfolg entscheidend. Viele Ausbildungsanfänger haben schon Erfahrungen mit digitalen (Amateur)-Kameras und Schnitt-Techniken gesammelt. Hohes Engagement, Ausdauer und die

Fähigkeit zur Teamarbeit sind ebenfalls grundlegende Voraussetzungen für eine erfolgreichen Karriere.

Wer Fernsehjournalist oder Moderator werden möchte, wird in der Regel nach dem Studium ein zweijähriges Volontariat in einer oder mehreren Redaktionen absolvieren. Ein Journalismus- oder Publizistik-Studium allerdings führt nicht notwendig zu einer Karriere beim Fernsehen.

Zum Fernsehen gehört auch die Tontechnik – und die ist heute ebenfalls digital und computergesteuert. Auszubildende müssen sich mit dieser Hochtechnologie vertraut machen, um später etwa einen kompletten Studio-Ton abmischen zu können.

Die Fernsehbranche ist durchaus offen für Seiteneinsteiger. Oft ist es die fachliche Kompetenz, die über den Karriereerfolg entscheidet. Wer z. B. über Sport berichten will, der muss entsprechende Kenntnisse haben, gleiches gilt für Gebiete der Wirtschaft oder auch der Naturwissenschaften.

Nicht wenige prominente Fernsehgrößen haben als Quereinsteiger angefangen. Johannes B. Kerner, Jahrgang 1964, hat beispielsweise Betriebswirtschaftslehre studiert und begann, ohne das Studium abgeschlossen zu haben, seine Fernsehkarriere 1986 als Praktikant beim SFB. Sabine Christiansen, 1957 geboren, war zunächst Flugbegleiterin, bevor sie 1983 ihre journalistische Ausbildung beim NDR begann. Und Claus Kleber, Jahrgang 1956, studierte zunächst Rechtswissenschaften, arbeitete aber schon während des Studiums als freier Mitarbeiter für den Südwestfunk. Die um ein Jahr jüngere Nina Ruge wiederum unterrichtete vor ihrer Fernsehkarriere an einem Gymnasium. Birgit Schrowange, geboren 1958, ist eigentlich gelernte Rechtsanwaltsgehilfin. Sie begann ihre Karriere beim WDR als Redaktionsassistentin. Die Liste der Quereinsteiger und ihrer individuellen Karrierewege ließe sich beliebig fortsetzen. Wer andererseits Medienwissenschaften studiert bzw. studieren will, der sollte wissen, dass er es mit einer geisteswissenschaftlichen Ausbildung zu tun hat, die kaum einen Bezug zu praktischer journalistischer Arbeit hat. Eine direkte Perspektive in Medienberufen ist mit einem solchen Studium nicht grundsätzlich gegeben.

1989
Am 9. November fällt die Mauer.
1990
Saddam Husseins Truppen besetzen Kuwait.
1991
Der Vielvölkerstaat Jugoslawien zerfällt.
Auflösung der Sowjetunion.
1992
Bill Clinton wird Präsident der USA.
Der Krieg auf dem Balkan weitet sich aus.
1994
Erste freie Wahlen für alle Bürger in Südafrika. Nelson Mandela wird Präsident.
1995
Mit dem Dayton-Abkommen vom 21. November wird der Balkankrieg beendet.
1996
Am 27. September übernehmen die afghanischen Taliban die Macht in Kabul.
1998
Gerhard Schröder wird Bundeskanzler.
1999
Die NATO greift Serbien an, um im Kosovo eine humanitäre Katastrophe zu verhindern.
2000
Wladimir Putin wird Präsident der Russischen Föderation.
2001
George W. Bush wird Präsident der USA.
Anschlag auf das World-Trade-Center in New York.
In Afghanistan beginnt die von US-Truppen geführte Offensive.

Das Ende der DDR verändert die deutsche Fernsehlandschaft

1989 war das Jahr, in dem die Mauer fiel. Die DDR war in Auflösung begriffen, Menschenmassen waren in die Botschaften der Bundesrepublik in Polen und Ungarn geflohen. Während das »Fernsehen der DDR« (bis 1972 »Deutscher Fernsehfunk«) noch vom 40. Jahrestag der Gründung der DDR berichtete, war auf den Sendern der alten Bundesrepublik bereits deren Ende abzusehen. Massenflucht und Massenproteste führten schließlich zur »Wende«. Erich Honecker trat am 18. Oktober 1989 zurück. Am 9. November wurden die Grenzen geöffnet.

Noch wenige Wochen zuvor war in der DDR erstmals die Jugendsendung »Elf 99« ausgestrahlt worden. Die Zahlen entsprachen der Postleitzahl des Senders in Berlin-Adelshof. Die SED wollte mit diesem Programm ihren Einfluss auf die Jugend verstärken. Doch schon im Februar 1990 wurde das »Fernsehen der DDR« zur unabhängigen Anstalt des öffentlichen Rechts und hieß anschließend erneut »Deutscher Fernsehfunk« (DFF).

Am 3. Oktober trat die DDR gemäß Einigungsvertrag der Bundesrepublik bei. Bis zum 31. Dezember 1991 hatte der Deutsche Fernsehfunk als »Einrichtung« aufgelöst bzw. »abgewickelt« zu sein. Tatsächlich wurde zu dieser Zeit nur noch von der »Einrichtung« gesprochen. Ende 1990 erfolgte die Umstellung von SECAM auf PAL. Am 31. Mai des folgenden Jahres gründeten die neuen Bundesländer Sachsen, Sachsen-Anhalt und Thüringen den Mitteldeutschen Rundfunk (MDR) mit Sitz in Leipzig. Der NDR dehnte sein Sendegebiet auf Mecklenburg-Vorpommern aus und der SFB sendete nun für ganz Berlin. Am 12. Oktober 1991 erhielt Brandenburg einen eigenen Rundfunk, den »Ostdeutschen Rundfunk Brandenburg« (ORB). Seit 1. Mai 2003 bilden der SFB und der ORB gemeinsam den neuen »Rundfunk Berlin-Brandenburg« (RBB).

Am 1. Januar 1992 um 0.00 Uhr war Sendeschluss des DFF. Heute erfreut sich der MDR großer Beliebtheit beim Publikum, da er zahlreiche Produktionen des DFF wiederholt, manche Sendungen des DFF fortsetzt – z. B. »Außenseiter Spitzenreiter« – und einige bekannte Gesichter aus dem DDR-Fernsehen übernommen hat. Das »MDR Fernsehen« ist mit seinen besonderen Regionalbeiträgen für Sachsen, Sachsen- Anhalt und Thüringen das am meisten gesehene Dritte Programm in Deutschland.

Ein historischer Moment und zugleich ein Symbol für die Wende: Der Fall der Mauer am 9. November 1989.

Von diesem Regionalprogramm abgesehen liefert der MDR auch Beiträge für das Erste Programm, für den Sender »Phoenix«, der Reportagen, Nachrichtensendungen und aktuelle Ereignisse überträgt, »Ki.Ka«, den Kinderkanal, den Kultursender »arte« ebenso wie »3sat«.

Die Privaten – zunächst noch weiter auf Erfolgskurs

Die Fernsehlandschaft der 90er Jahre war vielfältiger denn je. Private und öffentlich-rechtliche Sender kämpften um Marktanteile und Einschaltquoten. Vor allem die Privatsender wurden für fehlende Qualitätsansprüche kritisiert, doch in der Zuschauergunst lagen sie vorn, so dass RTL-Chef Thoma triumphierend erklärte: »Der Köder muss dem Fisch schmecken, nicht dem Angler«. Während man hier alles tat, um hohe Werbeeinnahmen zu erzielen, erhöhten die öffentlich-rechtlichen Sender zum 1. Januar 1990 die Rundfunkgebühr auf 19 DM, um das Angebot konkurrenzfähig halten zu können. Im Unterhaltungsprogramm kamen der Quotenrenner »Wetten, dass ...?« am Samstagabend, Alfred Biolek mit seiner Talkshow »Boulevard Bio« oder Familienserien wie die »Schwarzwaldklinik« bei den Zuschauern gut an. Neben Ärzten und Krankenschwestern erfreuten sich Polizisten und Detektive

2002
Währungsumstellung von DM auf Euro.
2003
Am 20. März marschieren britische und amerikanische Soldaten in den Irak ein.
2004
Estland, Lettland, Litauen, Malta, Polen, die Slowakei, Slowenien, Tschechien und Ungarn sowie der griechische Südteil Zyperns treten der EU bei, der nun 25 Staaten angehören.
2005
Papst Johannes Paul II. stirbt am 2. April. Josef Ratzinger wird als Benedikt XVI. dessen Nachfolger.
Angela Merkel wird Deutschlands erste Bundeskanzlerin.

als Serienpersonal allenthalben ungebrochener Beliebtheit, und auch die Geistlichkeit war nun nicht mehr tabu. So begann im ZDF am 5. September 1989 Günther Strack als katholischer Pfarrer Dr. Dr. Adam Kämpfert sein segensreiches Wirken in der Erfolgsserie »Mit Leib und Seele«. Zuvor hatte bereits die ARD mit der Serie »O Gott, Herr Pfarrer«, in der Robert Atzorn einen evangelischen Geistlichen spielte, das Spektrum erweitert.

Doch nicht nur Unterhaltung stand auf dem Programm der öffentlich-rechtlichen Sender. Intensiv wurde etwa über die Ereignisse in Ost-Europa berichtet, die Auflösung der Sowjetunion und die politische Öffnung. Gerade im journalistischen Bereich lag und liegt eine der grundlegenden Kompetenzen des öffentlich-rechtlichen Fernsehens.

Den Privatsendern dagegen gelang es, neuartige und experimentelle Formate anzubieten, die nicht immer unumstritten waren, bei den Zuschauern aber gut ankamen. So führte die Busen-Show »Tutti Frutti« auf RTL plus etwa 1990 nicht nur zu neuen Diskussionen um das Niveau der Privatsender – sie sorgte vor allem für Werbeeinnahmen und Umsatzzuwachs. Die erfolgreichste »Daily-Soap«, »Gute Zeiten – Schlechte Zeiten« – auch als GZSZ bekannt – wird von RTL bereits seit 1992 ausgestrahlt.

Schon 1992 gelang es RTL, Marktführer zu werden. Nicht selten reißerische Inhalte, dazu seichte Unterhaltung, Game-Shows, spät-abendliche Sex-Filme, aber auch Sendungen wie »Gottschalk Late Night« oder Linda de Mols »Traumhochzeit« boten lange Zeit den Mix, der große Marktanteile sicherte und wachsende Werbeeinnahmen garantierte. Bei Sat.1 war es unter anderem Margarete Schreinemakers, die mit ihrer sehr emotional geführten Talk-Show »Schreinemakers Live« lange für hohe Einschaltquoten sorgte, während Hans Meiser bei RTL mit seinen Gästen über alltägliche Sorgen und Nöte plauderte und damit die Sympathie der Zuschauer weckte.

Völlig neu und bald höchst umstritten war das »Rea-

Fernsehwerbung
»Das Fernsehen bewirkt ja ungeheuer viel. Zum Beispiel hat die Feinwirkfirma Kunert dank ›Tutti Frutti‹ die Produktion von Netzstrümpfen verdoppelt, und auch die Herrensockenhersteller begrüßen eine Umsatzbelebung, weil die entblößten Männer in ›Tutti Frutti‹ gezeigt haben, was für ein attraktives Kleidungsstück der Herrenstrumpf doch ist« *(Helmut Thoma im Nachrichtenmagazin »Der Spiegel«, 15. Oktober 1990).*

Die Betacam-Familie

Als Weiterentwicklung des Betamax-Aufzeichnungssystems hatte Sony 1982 das Betacam-System vorgestellt. 1987 folgte »Betacam SP«, SP steht für »Superior Performance«. Betacam SP wurde schnell zum weltweit meistgenutzten analogen Aufzeichnungssystem im Bereich des Fernsehens. Das 1/2-Zoll-System hat zwei Kassettengrößen, die S-Kassetten mit maximal 30 Minuten und die L-Kassetten mit maximal 90 Minuten Spieldauer. Betacam-SP-Kassetten sind immer grau.

1993 folgte »Digital Betacam« (DigiBeta). Dieses digitale System ist abwärtskompatibel zu Betacam und Betacam SP. Die DigiBeta-Kassetten haben die gleiche Größe und Form, sind aber an ihrer blauen Farbe zu erkennen. Ihre Spieldauer liegt bei je maximal 40 und 124 Minuten. Digibeta ist besonders hochwertig, aber dabei kostengünstiger als das D1-System.

Die Weiterentwicklung Betacam SX wurde 1996 eingeführt. Es ist das erste digitale Aufnahmesystem von Sony, das mit einer Datenkompression nach MPEG-2 arbeitet. SX-Kassetten sind an ihrer gelben Farbe zu erkennen. Die Kassetten haben wegen der langsameren Bandgeschwindigkeit des SX-Rekorders Laufzeiten von je 60 und 184 Minuten. Qualitativ ist DigiBeta dem Betacam SX weit überlegen, dafür ist das SX-System deutlich kostengünstiger.

Seit 1997 gibt es mit HDCAM den hochauflösenden Nachfolger von DigiBeta. Die erweiterte Version »HDCAM SR«, die die MPEG-4-Kompression nutzt, ist seit 2003 auf dem Markt. Die Aufzeichnung erfolgt dabei auf Kassetten oder direkt auf Festplatten. HDCAM-Kassetten sind dunkel mit orangem Klappenrand, bei den SR-Kassetten ist der Rand zyanblau. Eine Weiterentwicklung von Betacam SX ist das ebenfalls digitale IMX-System (Interoperability Material Exchange), eingeführt 2001. Auch IMX komprimiert die Daten nach MPEG-2. Dabei ist das System qualitativ besser als der Vorgänger Betacam SX. Die IMX-Kassetten sind an ihrer grünen Farbe zu erkennen. IMX-Aufnahmen lassen sich problemlos als Dateien auf dem Computer abspeichern. IMX wird (noch) von den meisten deutschen Sendeanstalten eingesetzt.

DigiBeta-Bandmaschinen wie diese DVW500P (»P« steht dabei für PAL) von Sony zählen noch heute zum »Non-Plus-Ultra« der Broadcast-Technik.

lity-TV«, Vorreiter war RTL mit der Sendung »Notruf«. Hier wurden Ungücksfälle, Katastrophen und Rettungseinsätze an den Originalschauplätzen und mit den betroffenen Personen nachgestellt, möglichst »hautnah« und dramatisch. Schon bald begnügte man sich jedoch nicht mehr mit dem Nachstellen, Fernsehteams begleiteten nun Ärzte, Polizei oder Feuerwehr bei ihren Ein-

Reality-TV heute
Reality-Sendungen, bei denen Menschen in außergewöhnlichen, intimen und privaten bis hin zu peinlichen Situationen gezeigt werden, sind auch heute beliebt. Dabei muss Reality-TV nicht notwendig Gewalt bedeuten: »Big Brother«, »Die Alm« oder »Die Burg« von Pro7, »Abenteuer Mittelalter« von der ARD, »Die Super Nanny«, »Einsatz in vier Wänden« (RTL), »Frauentausch« (RTL II) oder auch Casting-Shows wie »Deutschland sucht den Superstar« bedienen in erster Linie die Lust am Voyeurismus. Oft laufen Reality-Sendungen in ähnlicher Form auf verschiedenen Sendern und das nicht nur in Deutschland. »Big Brother« zum Beispiel, in Deutschland ab Februar 2000 auf Sendung und heftig umstritten, denn die Mitwirkenden werden von der Außenwelt isoliert und rund um die Uhr von Kameras beobachtet. Die Sendung war zuvor bereits in den Niederlanden ausgestrahlt worden, mit leicht veränderten Konzepten wird sie in nahezu 70 Ländern produziert.

sätzen. Diese Formate ernteten bald heftige Kritik, denn es kam zu Behinderungen bei Rettungsarbeiten, Persönlichkeitsrechte von Opfern wurden missachtet. Die Sensationslust des Publikums garantierte dennoch Quote. Das Fernsehen wurde generell spürbar brutaler, was nicht ohne Konsequenzen blieb. 1993 forderte der CDU-Bundesinnenminister Rudolf Seiters eine freiwillige Selbstkontrolle der Medien. Die Öffentlich-Rechtlichen sprachen sich für mehr Jugendschutz aus und beriefen schon 1994 Jugendschutzbeauftragte. Im April des selben Jahres nahm der von den Privaten gegründete Verein »Freiwillige Selbstkontrolle Fernsehen e.V.« seine Arbeit auf.

Die 90er Jahre bescherten dem Fernsehpublikum nicht nur neue private Sender, auch die öffentlich-rechtlichen erweiterten ihre Programm-Angebote. So bildeten ARD, ZDF und France Télévision gemeinsam die »Association Relative à la Télévision Européenne« – eher als »arte« bekannt – mit Sitz in Straßburg und Baden-Baden. Der zweisprachige Kultursender strahlt sein Programm seit dem 30. Mai 1992 aus.

Auch die Sendezeiten wurden zu Beginn der 90er Jahre deutlich verlängert. Vorreiter waren wiederum die Privaten. Pro7 war Deutschlands erster Fernsehsender, der ein 24-Stunden-Programm anbot. Rund um die Uhr war Pro7 ab dem 1. Oktober 1990 zu sehen.

Am 28. Februar 1991 hielt der Pay-TV-Sender »Premiere« Einzug in Deutschland. Das Bezahl-Programm war Nachfolger des von Leo Kirch gegründeten Senders »Teleclub«. Von Anfang an stellte Fußball ein entscheidendes Programmelement dar. Seit 1997 bietet Premiere digitales Programm an.

Der »Kabelkanal«, inzwischen »kabel eins« strahlte sein Programm erstmals am 29. Februar 1992 aus. Der Privatsender, der zur ProSiebenSat.1-Gruppe gehört, bietet vorwiegend Spielfilmklassiker und amerikanische Serien, hat aber auch Shows, Nachrichten, Reportagen und Themen aus Wissenschaft und Kultur im Programm.

Ebenfalls 24 Stunden auf Sendung war und ist der Nachrichtensender n-tv. Den ersten deutschen Nachrichtensender gibt es bereits seit dem 30. November 1992. Nur wenige Wochen später folgte das »Deutsche Sportfernsehen« (DSF), hervorgegangen aus dem Sender »Tele 5«. Der ebenfalls private Sender VOX startete am 25. Januar 1993 sein Programm. Ursprünglich sollte sich VOX mit vielfältiger Information und ansprchsvoller Live-Berichterstattungen profilieren – ein Anspruch, der sich nicht umsetzen ließ.

RTL und Sat.1, die Privatsender der ersten Generation, hatten sich längst bemüht, ihre Kompetenz in Sachen Informationsvermittlung zu stärken und ihre Glaubwürdigkeit zu erhöhen, dazu trugen nicht zuletzt Magazine wie »Spiegel-TV« bei. Umso gravierender wirkten sich die journalistischen Schwächen bei VOX aus.

Die Pionierzeit des Privatfernsehens war 1993 in Deutschland vorbei, die Marktanteile verteilt und was neu hinzukam, waren Spartenkanäle mit klaren Programmschwerpunkten.

Bei VOX herrschte ab Herbst 1993 Untergangsstimmung, schon bald wurde über das Ende des Senders spekuliert. Schließlich aber fand sich ein neuer Investor. VOX bekam eine neue Geschäftsführung, die das Programm deutlich auf Unterhaltung ausrichtete. Der Sender gewann besonders mit Serien wie »Voxtours« sowie mit Natur- und Tierdokumentationen eigene

Nur ein kleiner Ausschnitt aus dem Programmangebot: etwa 35 Programme kann ein deutscher Fernsehhaushalt heute enpfangen.

Konturen. Bekannt wurde VOX vor allem durch eine von 1994 bis 2004 wöchentlich ausgestrahlte Erotik-Sendung, deren Inhalte sicher nicht im Interesse jener konservativen Kräfte lagen, die ein Jahrzehnt zuvor das Privatfernsehen auf den Weg gebracht hatten. »Wa(h)re Liebe« mit der »Moderatorin« und Kunstfigur Lilo Wanders – gespielt von Ernie Reinhardt – berichtete über Erotik-Messen, Nacht- und Swinger-Clubs und viele andere Themen, die in den öffentlich-rechtlichen Medien undenkbar waren. Seit 2000 gehört VOX zur RTL-Gruppe und ist mittlerweile unter den Neugründungen der 90er Jahre der erfolgreichste Sender.

Am 6. März 1993 erweiterte RTL sein Programm-Angebot mit »RTL II«. Der Musiksender »VIVA« ging am 1. Dezember an den Start. Der Musik-Clip »Zu geil für diese Welt« von den »Fantastischen Vier« war das erste VIVA-Video überhaupt. Das Programm war von

»Zur Sache, Kanzler«
Trotz der Bestrebungen von Sat.1, ernsthaften Journalismus zu bieten, verschaffte die Reihe »Zur Sache Kanzler« dem Kirch-Sender den Ruf des »Kanzler-Senders«. Ausgerechnet im Wahlkampfjahr 1994 erhielt Kohl als enger Freund Kirchs mit dieser Reihe eine ideale Plattform zur Selbstdarstellung. Sat.1-Informationsdirektor, CSU-Mitglied und Moderator Heinz-Klaus Mertes stellte die dazu bestens geeigneten Fragen. Der Spott ließ nicht lange auf sich warten: Die Kohl-Sendung hieß bald scherzhaft »Zur Sache, Schätzchen«.

Anfang an deutschsprachig, was dem Sender half, sich gegen den (bis 1995) englischsprachigen Musiksender MTV zu behaupten. Heute gehören VIVA und MTV zum US-Medienkonzern Viacom. Seit dem 1. Januar 2002 gibt es zudem VIVA Plus.

Der Musiksender VH 1 ging mit einem deutschen Programm auf Sendung (bis 2001) und VIVA sorgte ab März 1995 mit »VIVA 2« für noch mehr Musik.

Als erster Einkaufssender Deutschlands offerierte »Home Order Television« (H.O.T.) 1995 neue Einkaufsmöglichkeiten.

»Fernsehen für Frauen« – unter diesem Motto strahlte »tm3« sein Programm ab dem 25. August 1995 aus. Der Münchner Spartensender, der sein weibliches Publikum unter anderem mit Modesendungen unterhielt, beendete sein Programm am 31. August 2001. Aus dem Frauensender tm3 ist »Deutschlands erster Quizsender« – 9Live – hervorgegangen.

Der digitale Fernsehsender DF1 startete am 28. Juli 1996. »DF1 ist kein neuer Sender. DF1 ist das neue Fernsehen«, lautete der Slogan zur Gründung des Kirch-Senders. Dieses kostenpflichtige Angebot war Deutschlands erster Digitalsender und umfasste ab 1996 weit über ein Duzend Programme. Bei Sportübertragungen konnten die Abonnenten sogar per Fernbedienung und Knopfdruck die Kameraperspektive wechseln. Digitale Technik machte derartige Spielereien möglich. Allerdings erreichte DF1 bis zur Mitte des Jahres 1999 nur knapp 400.000 Abonnenten. Dekoder-Kosten und Grundgebühren schreckten viele Interessenten ab. Angesichts der bestehenden privaten und öffentlich-rechtlichen Programme als »Free-TV« war Kirchs »Pay-TV« kaum überzeugend. Schließlich zahlten die Fernsehzuschauer ohnhin bereits Gebühren.

DF1 und Premiere wurden 1999 zu »Premiere World« zusammengefasst. Im Jahr 2000 gab es bei Premiere World 17 Kanäle. Der Sender zählte zwar über 2 Mio. Abonnenten, doch die Einnahmen waren nicht kostendeckend. Anfang 2002 wurde der Pay-TV-

Der Bluebox-Effekt
Der Bluebox-Effekt wird inzwischen in zahlreichen Fernsehsendungen eingesetzt. Ansager stehen damit vor sich bewegenden Wetterkarten, unter Wasser oder in sonstigen Studiowelten, die es eigentlich nicht gibt. Tatsächlich befindet sich hinter den Moderatoren beim Bluebox-Verfahren eine blaue Wand. Per Computer werden die gewünschten Inhalte eingespielt. Hätte ein Moderator dabei ein blaues Hemd an, erschiene er an dieser Stelle durchsichtig.

Sender schließlich in Premiere umbenannt. Im März 2003 hat Premiere sein analoges Programm abgeschaltet und ist seitdem nur doch digital zu empfangen. Die Vielfalt des Progammangebots – ob privat oder öffentlich-rechtlich – führte zu einem neuen Verhalten der Fernsehzuschauer: das »Zappen« per Fernbedienung von einem Programm zum anderen. Zumal Werbeeinblendungen werden gerne genutzt, um den Sender zu wechseln.

Aber trotz zappender Fernsehzuschauer hatten die Privatsender in den 90er Jahren die Nase vorn. Angesichts steigender Werbeeinnahmen – mit 4,8 Milliarden Euro wurde im Jahr 2000 der Höchststand erreicht – konnten hochbezahlte und bekannte Moderatoren engagiert und Übertragungsrechte der beliebtesten Sportarten gekauft werden. Aus Hollywood wurden erstklassige Spielfilme importiert. Doch mit der Jahrtausendwende endete der Wachstumsboom der privaten Sender.

Medienkrise, Kirch-Pleite und die Folgen

Die Wachstumsmöglichkeiten des privaten Fernsehens waren schon Mitte der 90er Jahre an ihre Grenzen gestoßen. Außerdem zeigten sich die öffentlich-rechtlichen Anstalten lernfähig und passten sich den geänderten Bedingungen an. Ob »Marienhof«, »Frontal 21«, »Brisant«, »Leute heute« oder andere Sendungen: die öffentlich-rechtlichen Sender modernisierten Inhalt und Optik ihrer Programme grundlegend. Das zeitgemäße Erscheinungsbild mit Überblend- und Bluebox-Effekten, farbenfroher Computer-Animation und Grafiken sowie Kameras, die bei Live-Sendungen über die Masse der Zuschauer hinwegschweben usw. sind indessen nicht allein als eine Reaktion auf das Privatfernsehen zu verstehen, sondern vor allem als das Ergebnis enormer technologischer Fortschritte. Die öffentlich-rechtlichen Anstalten haben zugleich immense Anstrengungen unternommen, um ihre Dritten Programme zunehmend attraktiver zu gestalten, die mit ihrem regionalen Bezug für ein treues Publikum sorgen.

Mittlerweile kann ein deutscher Fernsehhaushalt durchschnittlich 35 Programme empfangen. Angesichts der stetigen Digitalisierung und neuer multimedialer Möglichkeiten wie Fernsehen per Internet oder Handy gilt heute mehr denn je, was der damalige RTL-Geschäftsführer Helmut Thoma bereits Mitte der 90er Jahre bemerkte: Je mehr Kanäle es gibt, desto weniger Geld bekommt der einzelne. »Jedes neue Programm beschränkt logischerweise die Marktanteile der schon bestehenden – und trifft in erster Linie diejenigen, die noch immer auf der Suche nach dem rettenden Quoten-Ufer sind.«

Ab der Jahrtausendwende erlitt die bis dahin unaufhörlich wachsende Welt des privaten Fernsehens und des Filmrechte-Handels schwere Einbußen. Entgegen der allgemeinen Überzeugung erwiesen sich TV-Rechte gerade nicht als das »Öl des 21. Jahrhunderts«, wie 1998 noch im »Spiegel« behauptet wurde. Wer TV-Rechte an Spielfilmen besitze, kontrolliere »den Rohstoff einer Schlüsselindustrie«, hieß es damals. Dass Leo Kirch der größte Monopolist in diesem Industriezweig war, konnte seine Firmenpleite nicht verhindern – eine der gewichtigsten in Deutschland.

Kirch hatte sich Mitte der 80er Jahre beim Springer-Verlag eingekauft – und das nicht ohne Grund, denn Zeitungen tragen zur Meinungsbildung bei. Auch die auflagenstarke »Bild«-Zeitung gehört dem Konzern.

Hinter den Fernseh-Kulissen arbeiten Grafik-Designer, die für Animationen, Laufschriften und allerlei Video-Effekte sorgen. Auch Wetterkarten entstehen am Computer.

Kirchs Zielsetzung: Einfluss auf das Zeitungswesen, Nummer Eins beim Pay-TV in Deutschland, Filmrechtehändler und zugleich Freund konservativer Politiker – das wäre eine einzigartige Machtposition gewesen.

Spätestens 2002 geriet das Kirch-Imperium ins Wanken. Der risikobereite Unternehmer hatte sich massiv übernommen. Sein Pay-TV »Premiere« schrieb gigantische rote Zahlen, die Springer AG und ehemalige Partner wie Mediengigant Rupert Murdoch und schließlich die Banken, die ohne ernste Prüfungen Milliardenkredite bewilligt hatten, wollten ihr Geld zurück. Kirch Media stellte Insolvenzantrag. Das wackelige Imperium, bestehend aus allerlei Beteiligungen und überschaubaren Strukturen, war zusammengebrochen. Der Schuldenberg hatte eine Höhe von mehr als neun Milliarden Euro.

Hatten die Privaten der ersten Generation bis Mitte der 90er Jahre im Verdrängungswettbewerb gegenüber den öffentlich-rechtlichen Anstalten die Nase vorn, sprachen die Fakten des neuen Jahrtausends eine andere Sprache: Allein bis 2002 schrumpften die Werbeeinnahmen der Privatsender um jährlich 600 Mio. Euro. Der gleiche Betrag erfreute ARD und ZDF als Mehreinnahmen an Gebühren. Die Öffentlich-Rechtlichen sind nicht erst seit 2002, dem Jahr der Kirch-Pleite, dabei, drastisch aufzuholen. Aus der »kleinen öffentlich-rechtlichen Renaissance«, die ZDF-Inten-

So langweilig diese weißen Schränke auf den ersten Blick aussehen, so sehr haben sie es im wahrsten Sinne des Wortes »in sich«: Hinter diesen Blechen pocht gewissermaßen das Herz des NDR in Hamburg. Mit modernster Servertechnik werden hier nicht bloß Programme auf Festplatten gespeichert, die Anlagen sorgen für einen reibungslosen Ablauf des gesamten Sendebetriebs.

Rekordleistungen der Digitaltechnik
Um zu verdeutlichen, welch enorme Entwicklungen seit den späten 70er Jahren auf dem Gebiet der Digitaltechnik stattgefunden haben, einige Beispiele aus der Computerwelt: Ein PC mit 8086-Prozessor lag 1987 preislich bei etwa 4000 DM. Der Prozessor (verfügbar ab 1979) hatte eine Taktrate von 4,77 MHZ. Die Speicherkapazität eines damaligen PC war etwa 256 Kilobyte (KB). Eine Aufrüstung auf die maximal möglichen 640 KB schlug mit 300 DM zu Buche.
Um 1992 gab es für 4000 DM bereits die 486er Rechner mit 33 MHZ, vier MB Speicher und 120 MB Festplatten. Eine 500-MB-Festplatte kostete damals etwa 2000 DM. Für die Fernsehwelt und deren Datenmengen war diese Computertechnik kaum verwendbar.
Heute gibt es Speicherchips für Handys mit 1000 MB bzw. 1 Gigabyte (GB) ab ca. 30 Euro. Festplatten mit 400.000 MB bzw. 400 GB kosten 100 Euro (Stand Sommer 20007). 1992 hätte man für die gleiche Leistung 800 Platten für insgesamt 1,6 Mio Mark kaufen müssen. Und das hätte nichts genützt, weil sie unter anderem viel zu langsam waren. Die Prozessoren der heutigen PC verfügen über Dual-Core-Technik (also im Grund zwei Prozessoren in einem) mit Taktraten von mehreren Gigahertz. Das entspricht der zig-tausendfachen Rechenleistungen eines PC von 1986 – und das zu Preisen, die für Privatpersonen bezahlbar sind. Mit ihren günstigen Speicherkosten und enormen Rechenleistungen sind heutige Computer aus der Fernsehwelt nicht mehr wegzudenken. Vor allem aber prägen sie deren visuelles Erscheinungsbild.

dant Markus Schächter nicht ohne Grund Ende 2002 konstatierte, ist mittlerweile eine größere Renaissance geworden.

ARD und ZDF feierten 2005 ihre Marktführerschaft mit jeweils 13,5 Prozent Anteil. RTL folgte mit 13,2 Prozent, dem schlechtesten Wert seit 1990. Sat.1 lag mit 10,9 Prozent auf Platz vier. Inzwischen bieten die öffentlich-rechtlichen Anstalten fast 20 TV-Kanäle. Seine Bedeutung als Garant für Programmvielfalt hat das private Fernsehen vor diesem Hintergrund ein Stück weit verloren. Andererseits steht die ARD vor der Aufgabe, massiv Kosten einzusparen und veraltete Strukturen aufzugeben. So wird die von Helmut Thoma 1995 formulierte Strategie »soviel an Auftragsproduktion wie möglich, sowenig an Eigenproduktion wie nötig«, auch in Zukunft ihre Berechtigung haben.

Wenn wir den Fernseher einschalten, sind wir gewohnt, sofort unsere Programme in Spitzenqualität zu sehen. Hinter jeder Sendung stehen zahlreiche Menschen, die zusammenwirken, damit ein Beitrag gesendet und empfangen werden kann.

Geht es beispielsweise um Live-Berichterstattungen bei Sport, politischen Ereignissen, Unfällen usw., ist immer mindestens ein **EB-Team** pro Sender unterwegs. EB steht für »elektronische Berichterstattung«. Das Team bilden ein Redakteur, der für den Beitrag und dessen Text verantwortlich ist, dazu der Kameramann, der für die bewegten Bilder sorgt, und ein Tontechniker, der für die Tonaufzeichnung verantwortlich ist. Der Tontechniker ist mit dem Ton-Mischer ausgestattet und hält zumeist – je nach Aufnahmesituation – die Ton-Angel in der Hand, an deren Ende das Mikrofon angebracht ist, um beispielsweise Interview-Partner, Tiere, spielende Kinder usw. aufzunehmen. Das Mikrofon an der Kamera nimmt die »Atmo« (Atmosphäre) auf – also die Umgebungsgeräusche. Wenn es nötig ist, lassen sich Beiträge direkt im Ü-Wagen schneiden und sofort über einen »Up-Link« per Satellit verschicken. Dieses Verfahren wird »SNG« genannt (Satellite News Gathering).

Im Sender selbst ist der Bereich **Film- und EB-Schnitt** dafür zuständig, das elektronisch aufgezeichnete Videomaterial zu schneiden. Die alten Filmschneidetische haben ausgedient, vielmehr sind es »Workstations«, also Computer, an denen per Software geschnitten wird. Das digitale Datenmaterial wird auf Festplatten gespeichert. Das ist die »non-lineare« Art des Schnitts. Die einzelnen Sequenzen können im Rechner frei zusammengesetzt werden. Beim »linearen« Schnitt hingegen, der an Bandmaschinen, sei es Digibeta, IMX, DVCPRO oder ein anderes Aufzeichnungsformat, stattfindet, werden die ein-

EB-Teams bei einer eilig einberufenen Pressekonferenz. Ganz rechts im Bild NRW-Ministerpräsident Jürgen Rüttgers und NRW-Bildungsministerin Barbara Sommer. Links stehen im Halbkreis die TV-Kameras, die »Mühlen«, wie Kameraleute sagen, und davor hocken die »Ton-Assis«. Die Ton-Assistenten halten die üblichen Tonangeln in der Hand, damit die Mikrofone möglichst nahe an die beiden Redner heranreichen.

zelnen Elemente des Beitrages hintereinander – linear – auf dem Masterband aufgenommen. Das geht zwar enorm schnell, weil das Material nicht erst in einem Computer geladen werden muss, aber dafür lässt sich im geschnittenen Beitrag kein Bildmaterial mehr entfernen oder einfügen.

Per SNG können Kameraaufzeichnungen und Nachrichtenbeiträge direkt an den Sender übermittelt werden und stehen so den aktuellen Nachrichtensendungen sofort zur Verfügung.

Synchronstudios dienen dazu, aufwändige Sendungen zu vertonen. Das schließt das »Sounddesign« ebenso mit ein wie die Synchronisation von Sprache und Geräuschen.

In der **MAZ** (Magnetaufzeichnung) werden Produktionen aufgezeichnet und auch wieder abgespielt. Heute laufen zumeist wirklich noch Magnetbänder, doch die Computer mit ihren Speicherkapazitäten sorgen zunehmend dafür, dass Videoserver eingesetzt werden. Mehr und mehr gehen Sender dazu über, ihr Material von Bändern auf Server zu überspielen. Festplatten und digitale Datenkompression sind kostengünstiger als Videokassetten.

In den **Fernsehstudios** finden Aufnahmen von Spiel-Shows, Talkrunden, Nachrichtensendungen usw.

An diesem Schnittplatz wird linear geschnitten. Der Cutter arbeitet daher nicht am Computerbildschirm, sondern an einem Fernsehmonitor mit hoher Auflösung. Vor sich hat er die Steuerung der Bandmaschinen und Bildmischer. Unten sind die im Broadcast-Bereich bzw. beim Fernsehen üblichen Waveform-Monitore und Vektoskope zu sehen. Der Waveform-Monitor wird eingesetzt, um die Helligkeitswerte von Schwarz bis hin zu Weiß zu überwachen. Das Vektoskop zeigt, ob die Farben stimmen.

Der Weißabgleich
Wer Kameraleute bei der Arbeit beobachtet, wird die Feststellung machen, dass diese zu Beginn ihrer Dreharbeiten mehr oder weniger hektisch nach irgendeiner weißen Fläche zu suchen beginnen. Der Grund ist der Weißabgleich: Im Licht des Morgen- oder Abendrots erscheint ein weißes Blatt Papier eher rötlich – vom Farbton her also »warm«. Unter der strahlenden Mittagssonne hingegen ist das weiße Papier eher »kalt« bzw. blau. Das menschliche Auge sieht trotz dieser Schwankungen Weiß als Weiß. Fernsehkameras (und Fotoapparate) hingegen müssen auf einen neutralen Farbton abgestimmt werden. Würde ein Kameramann, der zuletzt in strahlender Sonne mit passendem Weißabgleich gedreht hat, seinen Abgleich am späten Nachmittag – wo alles viel rötlicher ist – vergessen, wären die Aufnahmen rotstichig und kaum noch brauchbar.

statt. Die Studios verfügen über Studiokameras, die weit größer sind als die Schulterkameras der EB-Teams. Dazu gibt es hocheffiziente Beleuchtungsanlagen, die mit ihrer enormen Leistung dazu neigen, die Studios aufzuheizen. Requisite, Maske, Bühnenbild und Tontechnik sind ebenso unverzichtbar bei Studioproduktionen wie Kommandoverbindungen, über die sich die Regie zu Wort meldet.

In der **Grafik** sitzen Designer, die an Computerbildschirmen Sendungselemente und Videobeiträge wie etwa digitale Hintergrundbilder, z. B. Wetterkarten, oder auch ganze Animationen, einzufügende Fotos, Trailer (Vorschauen) und Textstücke fertigen. Auch ganze Bühnenbilder und Räumlichkeiten werden am Computer (fast ausschließlich an Macintosh-Rechnern) erstellt. Die fertigen Fernsehbilder in (derzeit noch) 720 x 576 Pixeln werden gespeichert, damit sie der Bildregie zur Verfügung stehen.

Bildmaterial, das an die Bildregie geht, wird vorab in den sogenannten **Kamerakontrollen** geprüft. Hier geht es darum, dass Blendenwerte und Helligkeit sowie der Farbabgleich der Kameras stimmen. Geht es um Bluebox-Effekte, muss auch dort die digitale Abstimmung passen.

In der **Bildregie** selbst werden bei Aufzeichnungen und

Dieser Raum vereinigt die Ton- und Bildregie der in Hamburg produzierten »Tagesschau«.

Der Schaltraum des NDR in Hamburg.

Live-Sendungen die verschiedenen Bildquellen wie Kameras und MAZ, das Material der Grafik einschließlich Schriftgeneratoren ausgewählt und je nach Bedarf mit diversen Trickeffekten kombiniert.

Parallel dazu arbeitet die **Tonregie**. Hier wird der jeweilige Ton passend zum Fernsehbild abgemischt und kontrolliert. Auch hier hat die Digitaltechnik schon längst Einzug gehalten, so dass die Arbeit am Computer im Vordergrund steht. CDs und Festplatten mit digitalen Ton-Dateien haben die alten Tonbänder und Kassetten längst ersetzt.

Die **Sendekontrolle** ist für die Qualität fertiger Programmelemente zuständig. Hier werden auch je nach aktuellem Bedarf entsprechende Kommentare und Schaltgespräche produziert.

Der **Schaltraum** ist der technische Knotenpunkt und damit das Herz eines Senders. Alle Leitungen mit Bild und Ton laufen hier zusammen. Hier findet auch der »Down-Link« – also der Empfang dessen, was über Satellit an den Sender geschickt wurde – statt. Im Schaltraum werden alle Verbindungen zu Außenstudios, den verbundenen Ü-Wagen und Netzen gehalten, in die das gesamte Programm bzw. die relevanten Beiträge des Senders eingespeist werden. Über Kommandoverbindungen ist der Schaltraum mit allen technischen Räumen des gesamten Senders verbunden. Bei den ARD-Sendern gibt es entsprechende Verbindungen zum Fenseh-Sternpunkt bzw. dem Sendezentrum in Frankfurt am Main, von wo aus das Programm des Ersten koordiniert wird.

AGF
»Arbeitsgemeinschaft Fernsehforschung«, 1988 von ARD, ProSiebenSat1, RTL und ZDF gegründet, betreibt quantitative Zuschauerforschung.

Analog
Beim analogen Verfahren werden die Bild- und Tonsignale kontinuierlich übertragen, dabei entsprechen sich Strom- und Signalschwankungen

ARD
»Arbeitsgemeinschaft der öffentlich-rechtlichen Rundfunkanstalten der Bundesrepublik Deutschland« – zusammengeschlossen sind neun Landesrundfunkanstalten und die Deutsche Welle.

ASTRA
(lat., »Stern«) Satelliten der luxemburgischen Betreibergesellschaft »Société Européene des Satellites«, SES. Über ASTRA-Satelliten werden europaweit Radio- und Fernsehprogramme übertragen.

Auflagemaß
Der Abstand zwischen Film bzw. CCD-Chip und Objektiv. Werden bei Fernsehkameras die Objektive gewechselt, muss das Auflagemaß mit Hilfe eines Siemenssterns neu justiert werden, damit beim Zoomen die Schärfe konstant bleibt.

Bandbreite
Differenz zwischen zwei festgelegten Frequenzgrenzen, angegeben in Hertz.

BBC
»British Broadcasting Corporation«

Betacam / Betacam SP
Analoges Video-Aufzeichnungsformat im Broadcast- und Profibereich. Eine Weiterentwicklung des 1/2-Zoll Betacam-Formates. »SP« bedeutet Superior Performance

Betacam SX
Digitales Video-Aufzeichnungsformat im Broadcast- und Profibereich, Vorgänger von IMX.

Bluebox
Ein Trickverfahren, bei dem eine einfarbige Hintergrundfläche, meistens blau, durch einen eingeblendeten Hintergrund ersetzt wird. Das Verfahren – auch Chromakey-Verfahren genannt – wird z. B. in Nachrichtenstudios oder beim Wetterbericht angewendet.

Casting
Auswahlverfahren zur Besetzung von Rollen.

CCD
»Charge coupled Device« – fotoempfindliche Speicherzellen, die für CCD-Sensoren in Videokameras und digitalen Fotoapparaten verwendet werden.

Digital Betacam (DigiBeta)
Digitales Video-Aufzeichnungsformat im Broadcast- und Profibereich von höchster Qualität.

DVB-S
»Digital Video Broadcasting – Satellite« – Verbreitung digitaler Fernsehsignale mit Satelliten, europäischer Standard für das digitale Satellitenfernsehen.

DVB-T
»Digital Video Broadcasting – Terrestrial« – Verbreitung digitaler Fernsehsignale über die Atmosphäre (terrestrisch = erdgebunden). Kann mit einfachen Antennen empfangen werden. Herkömmliche Fernseher brauchen aber einen Decoder.

DV
»Digital Video« – digitales Video-Aufzeichnungsformat im Amateurbereich

DVCPRO
Digitales Video-Aufzeichnungsformat im Broadcast- und Profibereich, entwickelt von Panasonic – beim ZDF eingesetzt. Es gibt die Formate DVCPRO 25, 50 und 100 bzw. HD.

EB
siehe ENG

EBU
»European Broadcasting Union« – die Europäische Rundfunkunion, umfasst heute 74 Fernseh- und Rundfunkanstalten in 54 Ländern, darunter auch nordafrikanische Staaten und Staaten der ehemaligen Sowjetunion.

ENG
»Electronic News Gathering« – die elektronische Berichterstattung (EB), ein Begriff aus der Fernseh-Produktion. ENG reicht vom Kamerateam vor Ort über die redaktionelle und elektronische Verarbeitung der Nachricht bis zur Sendeabwicklung.

Fernsehnorm
Eine Fernsehnorm bestimmt, wie Bild- und Tondaten beim Fernsehen vom Sender zum

Empfänger übertragen werden.

Eutelsat
»European Telecommunications Satellite Organisation« – 1982 gegründete Satellitenbetreiberorganisation europäischer Fernmeldebehörden, verfügt über 23 Satelliten (Stand 2006) und versorgt allein mit den »Hot-Bird«-Satelliten 113 Mio. Kabel- und Satellitenhaushalte. Für Europa ist der »Hot Bird 2«, 13° Ost, von Bedeutung, er überträgt 20 Kanäle.

HDTV
»High Definition Television«, hochauflösendes Fernsehen. Ein digitaler TV-Standard mit im Vergleich zum herkömmlichen PAL-System bis zu fünfmal so vielen Bildpunkten (fünfmal höhere Auflösung). Damit ist das Fernsehbild entsprechend schärfer. HDTV wird via Satellit, per Breitbandkabel und später auch über die Telefonleitung (siehe auch VDSL und IPTV) angeboten. Zum Empfang von HDTV-Signalen wird ein HD-fähiger Digital-Receiver benötigt, außerdem muss der Fernseher in der Lage sein, die hohe Pixelzahl zu verarbeiten und darzustellen.

IFA
»Internationale Funkausstellung«, die weltweit größte Messe für Consumer Electronics in Berlin.

IMX
Digitales Video-Aufzeichnungsformat im Broadcast- und Profibereich.

Interlace
s. »Zeilensprungverfahren«

Kabelfernsehen
Bild- und Tonsignale werden entweder analog oder digital über ein Breitbandkabel bis in die privaten Haushalte übertragen. Die Anbindung an ein Breitbandkabelnetzwerk – meistens als Glasfaserkabel – ist der Kabelanschluss.

Kathode
Die negative Elektrode, die Elektronen abgibt. Daher sind Bildröhren mit ihrem Elektronenstrahl Kathodenstrahlenröhren. Diese werden auch in Oszilloskopen und Radargeräten verwendet.

kHz
»Kilohertz« – Maßeinheit in tausend Schwingungen pro Sekunde, benannt nach dem deutschen Physiker Heinrich Rudolf Hertz (1857–1894)

LCD
»Liquid Crystal Display« oder Flüssigkristallbildschirm, er nutzt spezielle Flüssigkristalle, die die Polarisationsrichtung von Licht beeinflussen können.

MAZ
»Magnetbildaufzeichnung« – bezeichnet bei Fernsehproduktionen die Technik der magnetischen Bildaufzeichnung einschließlich der Band-Kassetten

NTSC
»National Television Systems Committee« – amerikanisches Verfahren zur Fernsehübertragung

PAL
»Phase Alternating Line« – ein in Europa übliches Verfahren zur Fernsehübertragung, PAL-plus ist zu PAL kompatibel und dient der Übertragung breiterer Bildformate (16:9)

Pay-TV
»Bezahl-Fernsehen« – Programme, die verschlüsselt übertragen werden und nur mit Dekoder empfangen werden können. Der Dekoder kann vom Pay-TV-Anbieter gegen Gebühr abonniert werden.

Plasmabildschirm
Farb-Flachbildschirm, der mit Hilfe von Leuchtstoffen funktioniert, die durch von Gasentladungen erzeugtes Plasma angeregt werden.

Prime Time
Die abendliche Hauptsendezeit, zugleich die Zeit, in der das Fernsehen am häufigsten eingeschaltet wird, liegt in Deutschland unterschiedlichen Einschätzungen gemäß zwischen 18.00 und 23.00 Uhr.

ProSiebenSat.1 Media AG
Der im Jahr 2000 gegründete Konzern umfasst u. a. die Privatsender ProSieben, Sat.1, Kabel 1, N24 und 9Live. Die ProSiebenSat.1 Media AG ist Deutschlands größtes Fernsehunternehmen und hat bei den 14–49-jährigen Zuschauern einen Marktanteil von 30 Prozent.

RCA
»Radio Corporation of America« – die Aktiengesellschaft wurde 1919 gegründet und entwickelte u. a. das Farbsystem NTSC. Die Firma besaß lange eine Monopolstellung im amerikanischen Rundfunkwesen. 1986 wurde

RCA aufgeteilt. Die »Thomson Consumer Electronics of France« hat die RCA-Patente und Rechte auf Comsumer-elektronik-Produkte und ist einer der weltweit größten Hersteller von Radio- und Fernsehgeräten.

RTL
»Radio Télé Luxembourg«, RTL bzw. RTL Television, ist ein Privatsender mit Vollprogramm mit Sitz in Köln. RTL Television gehört zur RTL-Group.

RTL-Group
Die RTL-Group ist Europas größter Anbieter werbefinanzierten Fernsehens und Radios. Der Konzern ist europaweit Marktführer der Fernsehproduktionsindustrie, Bertelsmann mit 89,9 Prozent größter Gesellschafter. Zur RTL-Group gehören in Deutschland auch die Sender Super RTL, VOX sowie N-TV

Sat. 1
Die »Sat.1 SatellitenFernsehen GmbH« mit Sitz in Berlin ist ein Privatsender mit Vollprogramm. Sat.1 gehört seit dem Jahr 2000 zur ProSiebenSat.1 Media AG.

SECAM
»Séquentiel couleur à mémoire« – französisches Verfahren zur Fernsehübertragung

Siemensstern
Kreisrunde, sternförmige Schwarz-Weiß-Abbildung, deren Spitzen in der Mitte des Kreises zusammenlaufen. Siemenssterne werden benötigt, um das Auflagemaß der Kameras zu justieren.

SNG
»Satellite News Gathering« – Nachrichtenübermittlung per Satellit.

Spartenprogamm
Fernsehprogramm für spezielle Zielgruppen oder Interessengebiete: Kinder, Sport, Nachrichten/Information, Spielfilme, Musik, Shopping-Kanäle.

SRT
»Schule für Rundfunktechnik« – von ARD und ZDF gemeinsam geführte Ausbildungsstätte.

Teleprompter
Ein Gerät, das vor einer Kamera Texte einspiegelt, die ein Sprecher ablesen kann, während er in die Kamera schaut.

Ü-Wagen
Übertragungswagen – der Ü-Wagen ermöglicht es, vor Ort zu filmen, zu schneiden und fertige Beiträge weiterzuleiten.

UHF
»Ultra High Fequency« – Bereich von Fernsehfrequenzen.

Uplink
Englische Bezeichnung für die Verbindung zwischen einer Funkstelle auf der Erde, z. B. einem Ü-Wagen, und einem Satelliten

VHF
»Very High Frequency« – Bereich von Fernsehfrequenzen.

Vollprogramm
Fernsehprogramme, die ein möglichst breites Spektrum von Inhalten aus den verschiedensten Bereichen bieten: Information, Unterhaltung, Bildung, Beratung.

Weißabgleich
Vermittelt der Aufnahmekamera die für eine korrekte Weiß-Wiedergabe nötige Farbtemperatur.

Zeilensprungverfahren
Beim Zeilensprungverfahren werden abwechselnd gerade ungerade Zeilen dargestellt. Beim in Deutschland üblichen PAL-Verfahren werden so pro Sekunde 50 Halbbilder übertragen.

ZDF
»Zweites Deutsches Fernsehen« – öffentlich-rechtlicher Sender mit Sitz in Mainz.

1884
Paul Nipkow (1860–1940) entwickelt die berühmte »Nipkowscheibe« mit spiralförmig angeordneten Löchern. Mit diesem mechanischen Verfahren lassen sich erstmals Bilder seriell abtasten und übertragen.

1886
Heinrich Hertz (1857–1894) gelingt es, elektromagnetische Wellen experimentell nachzuweisen – damit ist eine wesentliche Grundlage für drahtlose Telegrafie, Rundfunk und Fernsehen geschaffen.

1893
Julius Elster (1854–1920) und Hans Geitel (1855–1923) erfinden die Selen-Fotozelle. Die lichtempfindliche Zelle ermöglicht die Umwandlung von Helligkeitswerten des Lichts in elektrische Signale.

1897
Karl Ferdinand Braun (1850–1918) erfindet zusammen mit Jonathan Zenneck die »Braunsche Röhre« (trägheitslose Kathodenstrahl-Oszillographen-Röhre), nach deren Prinzipien bis heute jede Fernsehröhre arbeitet.

Der englische Physiker Joseph John Thomson (1856–1940) entdeckt das Elektron, arbeitet ebenfalls an einer Kathodenstrahlröhre und verbessert deren Vakuum.

1900
Der Russe Constantin Perskyi nennt in einem Aufsatz die Übertragung bewegter Bilder erstmalig »Télévision«.

1902
Der Ingenieur Otto von Bronk (1872–1951) erhält das weltweit erste Fernsehpatent. Das DRP-Patent Nr. 155.528 für sein »Verfahren und Vorrichtung zum Fernsichtbarmachen von Bildern und Gegenständen unter vorübergehender Auflösung der Bilder in parallelen Punktreihen« ist die Grundlage für das Farbfernsehen.

1904
Arthur Korn (1870–1945) überträgt mittels Bildtelegrafie eine Fotografie von München nach Nürnberg. Als Abtastinstrument dient eine Selen-Fotozelle.

Arthur Rudolf Wehnelt (1871–1944) entwickelt die zylinderförmige Glühkathode mit Oxydbeschichtung, die Elektronenstrahlen bündelt und so bildgebende Anwendungen der Braunschen Röhre ermöglicht.

1905
Der Engländer Sir John Ambrose Flemming (1849–1945) erfindet die Gleichrichter-Röhre – auch als Diode bekannt. Diese Röhre ist ein weiterer Grundstein der Elektrotechnik.

1906
Max Dieckmann (1882–1960) und Gustav Glage gelingt die Wiedergabe von 20-zeiligen Schwarzweißbildern mit einer Braunschen Röhre.

Der Österreicher Robert von Lieben (1878–1913) meldet sein »trägheitslos arbeitendes Kathodenstrahl-Relais« zum Patent an. Bei diesem Patent handelt es sich um die erste Verstärkerröhre überhaupt, eine Triode, die er 1910 verbesserte.

1907
Fast zeitgleich entwickelt der Amerikaner Lee De Forest (1873–1961) seine Verstärkerröhre »Audion«, ebenfalls eine Triode.

1911
Die Übertragungen von Bildaufzeichnungen über Kabel beginnen.

1914
Der ungarische Ingenieur Denes von Mihály (1894–1953) beginnt mit dem Bau seines »Telehor«. Mit Hilfe der Nipkow-Scheibe konnte er einfache Bilder über mehrere Kilometer übertragen.

1923/24
August Karolus (1893–1972) erfindet die »Karolus-Zelle« zur »trägheitslosen Lichtsteuerung« auf Basis der »Kerr-Zelle« des schottischen Physikers John Kerr (1824–1907). Die Zelle wandelt elektrische Signale in Licht und ermöglicht ihm in Verbindung mit der Nipkow-Scheibe eine erste Vorführung des Fernsehens mit 48 Zeilen.

Der russisch-amerikanische Physiker Vladimir Kosma Zworykin (1889–1982) erfindet in den USA die Ikonoskope-Röhre und damit den ersten verwendbaren elektronischen Bildabtaster. Damit beginnt das »elektronische Fernsehen«.

1924
John Logie Baird (1888–1946) gelingen erste Fernsehübertragungen in England.

1926
Baird präsentiert den weltweit ersten Fersehempfänger.

1927
Bilder mit einer Elektronenstrahlröhre auf Sender- und Empfangsseite zu übertragen gelingt erstmalig dem Amerikaner Philo T. Farnsworth (1906–1971).

1928
Baird veranstaltet die erste Fernsehübertragung von London nach New York.

Zworykin erhält das Patent auf die Ablenkung von Kathodenstrahlen durch Magnetfelder. Diese Technik ist Grundlage aller Fernseh-Bildröhren

Denes von Mihály präsentiert am 11. Mai einem kleinen Kreis die erste Fernsehübertragung in Berlin. August Karolus stellt sein Fernsehen »Telefunken« auf der 5. Großen Deutschen Funkausstellung Berlin vor, von Mihály präsentiert seinen »Telehor«.

Am 31. August gibt das Reichspostzentralamt den Start für das »neue und künftige Telekommunikations-System Fernsehen« frei. Der 31. August 1928 gilt somit als Startdatum des Fernsehens.

1929
Der Rundfunksender Berlin-Witzleben beginnt mit ersten regelmäßigen Fernsehsendungen zu Versuchszwecken, die BBC folgt.

Von Mihály stellt in Berlin die erste Fernsehkamera der Welt vor.

1930
Fritz Schröter (1886–1973) lässt sich das »Verfahren zur Abtastung von Fernsehbildern« patentieren.

Der erste Fernsehversuchssender der National Broadcasting Company (NBC) wird in New York eröffnet.

1931
Manfred von Ardenne (1907–1997) präsentiert erstmals öffentlich ein System mit Kathodenstrahlröhren und 100 Zeilen bei 20 Bildern die Sekunde auf der 8. Großen Deutschen Funkausstellung.

1934
Der Versuchssender Berlin-Witzleben strahlt Fernsehprogramme mit Bild und erstmals mit Ton aus. Die erste öffentliche Fernsehübertragung in Deutschland wird am 18. April in der Berliner Krolloper präsentiert.

1935
In Deutschland startet am 22. März 1935 das erste regelmäßige Fernsehprogramm der Welt.

1936
In Deutschland beginnen erste Versuche zum Farbfernsehen.

Auf der 13. Großen Deutschen Rundfunkausstellung in Berlin überwiegen elektronische Fernsehgeräte mit einer neuen Zeilennorm von 375 Zeilen bei 25 Bildwechseln pro Sekunde.

Die erste fahrbare Fernsehkamera wird bei den »XI. Olympischen Sommerspielen« in Berlin eingesetzt.

England strahlt als zweites Land der Welt ab 1936 einen regelmäßigen Fernseh-Programmdienst aus.

1937
Frankreich beginnt einen regelmäßigen Fernsehdienst mit 441 Bildzeilen.

1938
Zworykin hat inzwischen die erste praktikable Fernsehkamera entwickelt. Sie wird nach dessen Röhre »Iconoscope« genannt.

Der deutsche Ingenieur Werner Flechsig (1900–1981) lässt sich die Schattenmasken-Bildröhre patentieren. Flechsigs Idee einer »Kathodenstrahlröhre zur Erzeugung mehrfarbiger Bilder auf einem Leuchtschirm« ist eine notwendige Grundlage heutiger Farbbildröhren.

1939
Auf der Weltausstellung in New York wird von der Radio Corporation of America (RCA) ein Fernsehsystem mit 441 Zeilen vorgestellt.

Am 28.Juli 1939 wird in Berlin der von Industrie und Post zusammen entwickelte »Deutsche Einheits-Fernseh-Empfänger E1« vorgestellt.

Beginn des Zweiten Weltkrieges am 1. September. Die BBC stellt ihr Programm ein.

1940
Die Fernsehtechnik wird zur Luftaufklärung eingesetzt. Die Berliner Fernseh GmbH entwickelt dazu ein System mit 1029 Zeilen, was fast heutiger HDTV-Qualität entspricht.

1943
Am 26. November 1943 wird der Berliner Fernsehsender bei einem Luftangriff zerstört.

1945
Ende des Zweiten Weltkriegs, die Post verliert das Sendemonopol. Der Nordwestdeutsche Rundfunk (NWDR) wird gegründet.

1946
Die BBC nimmt wieder ihr reguläres Programm auf.

1948
Dem NWDR wird gestattet, neue Versuche zur Fernsehtechnik durchzuführen.

Frankreich führt einen neuen Fernsehstandard mit 819 Bildzeilen ein.

1950
Der NWDR beginnt mit seinem Versuchsprogramm in Hamburg.

Am 10. Juni wird die Arbeitsgemeinschaft der öffentlich-rechtlichen Rundfunkanstalten der Bundesrepublik Deutschland (ARD) gegründet.

1952
In den USA gibt es inzwischen 15 Mio. Fernsehzuschauer, in Großbritannien 1,2 Mio.

Der Deutsche Fernsehfunk beginnt am 21. Dezember in Berlin mit seinem öffentlichen Versuchsprogramm.

Auf der Ersten Europäischen UKW-Fernsehkonferenz in Stockholm entscheiden sich neun Ländern für die neue deutsche Fernsehnorm mit 625 Zeilen bei 25 Bildern pro Sekunde.

Der NWDR beginnt am 25. Dezember mit seinem regulären öffentlichen Fernseh-Programmdienst.

1953
Am 27. März schließen die Landesrundfunkanstalten der Bundesrepublik einen Vertrag über ein gemeinsames Fernsehprogramm »Deutsches Fernsehen«.

1953/54
Der Sender Freies Berlin (SFB) wird aus dem Berliner Teil des NWDR gegründet und nimmt am 1. Juni 1954 den Sendebetrieb im Hörfunkbereich auf. Im September tritt der SFB der ARD bei.

1954
In den USA wird die erste Farbfernsehsendung ausgestrahlt. Die Norm heißt NTSC.

Am 31. Oktober wird erstmals das Sendezeichen der ARD ausgestrahlt. Einen Tag später beginnt das gemeinschaftliche ARD-Fernsehprogramm.

1955/56
Das erste Transatlantik-Kabel, »TAT 1« (Transatlantic No. 1), verbindet Europa mit Nordamerika.

1956
Am 3. Januar beginnt der erste »Deutsche Fernsehfunk« (DFF) mit dessen regulärem Sendebetrieb.

Der Westdeutsche Rundfunk (WDR) geht am 1. Januar mit seinem Regionalprogramm auf Sendung.

In Frankreich wird das Farbfernseh-System »SECAM« vorgestellt.

1957
Als letzte Rundfunkanstalt der Bundesrepublik wir der Saarländische Rundfunk (SR) gegründet.

1959
Der Saarländische Rundfunk tritt der ARD bei.

1960
Die ersten Fernmeldesatelliten werden in Betrieb genommen.

Die Firma Grundig stellt erste Utraschall-Fernbedienungen für Fernsehgeräte vor.

1961
Das Bundesverfassungsgericht fällt am 28. Februar das »Erste Rundfunkurteil«. Die Pläne zum so genannten »Adenauer-Fernsehen« sind demnach verfassungswidrig.

Die »Stereophonie« wird vorgestellt. Das Radioprogramm beginnt mit Stereo-Sendungen.

Weltweit gibt es in 26 Ländern bereits über 100 Mio. Fernsehteilnehmer.

Am 6. Juni wird das ZDF gegründet.

1962
Am 6. Juni unterzeichnen die Ministerpräsidenten der Länder den »Staatsvertrag über die Errichtung der Anstalt des öffentlichen Rechts Zweites Deutsches Fernsehen (ZDF)«.

Mit dem amerikanischen Satelliten »Telestar I« werden

transatlantische TV-Übertragungen möglich.

1963
Das Farbfernseh-Verfahren »PAL« von Walter Bruch wird am 3. Januar patentiert.

1964
In Japan finden erste Versuche zu einem hochauflösenden Fernsehen statt.

Der Bayerische Rundfunk strahlt als erste Landesrundfunkanstalt ab dem 22. September ein drittes Programm aus. Weitere Anstalten folgen bis 1969.

1967
Am 25. August wird in der Bundesrepublik das Farbfernsehen eingeführt.

1969
In der DDR nimmt das II. Programm am 3. Oktober seine Arbeit auf.

1970
Die Entwicklung von Bildschirmen mit Flüssigkristallanzeige, »LCD« (Liquid Crystal Display), beginnt.

1971
Auf der Funkausstellung in Berlin werden die ersten »VCR«-Video-Kassetten-Rekorder von Philips und Grundig vorgestellt.

1975
Die Kunstkopfstereophonie wird vorgestellt.

1976
Die ersten VHS-Videorekorder werden vorgestellt.

1978
Die Ministerpräsidenten der Länder beschließen am 12. Mai befristete Versuche mit Breitbandkabeln.

1979
Die Deutsche Bundespost entscheidet, das übertragungstechnische Netz ungeachtet der Verfügbarkeit digitaler Vermittlungstechnik digital auszubauen.

1980
Eine von der Bundesregierung eingesetzte Kommission empfiehlt am 26. November, das »Pay TV«, (Bezahl-Fernsehen) einzuführen, wenn private Rundfunkveranstalter zugelassen werden.

1981
Im »Dritten Rundfunkurteil« vom 16. Juni legen die Karlsruher Verfassungsrichter fest, was die Gesetzgebung zum Betreiben privater Rundfunkprogramme beachten muss.

Der Stereo-Fernsehton wird eingeführt.

1983
Das Satelliten-Pilotprojekt TV-SAT beginnt.

1984
Am 1. Januar beginnt das private Fernsehen in Deutschland. Einen Tag beginnt Radio Luxemburg mit dem deutschsprachigen Fernsehprogramm »RTL plus«.

Am 1. April beginnt in der Bundesrepublik Deutschland offiziell die Zeit des Satellitenfernsehens.

In Frankreich startet »Canal +« (Canal Plus), einer der ersten Pay-TV-Sender Europas.

Niedersachsen verabschiedet am 15. Mai als erstes Bundesland ein Gesetz, das private Rundfunkanbieter ermöglicht.

Damit Videorekorder passende Signale zu den genauen Start- und Endzeiten von Sendungen erhalten, wird das »Video Progam System« (VPS) eingeführt.

1985
Der kommerzielle Fernsehanbieter SAT 1 beginnt am 1. Januar mit seiner Programmausstrahlung über Satellit.

1986
Im »Vierten Rundfunkurteil« klären die Verfassungsrichter, welche Anforderungen, an das öffentlich-rechtliche und an das private Fernsehen zu stellen sind. Private Sender bekommen offiziell terrestrische Sendefrequenzen zugeteilt.

1986/87
Mit Betacam SP stellt Sony das erfolgreichste analoge Videosystem der professionellen Studiotechnik und der Fernsehwelt vor.

1987
Der Staatsvertrag über die Neuordnung des Rundfunkwesens (Rundfunkstaatsvertrag vom 1.–3. April 1987) ermöglicht die umfassende Einführung des dualen Rundfunksystems in der Bundesrepublik.

Sony stellt das digitale Aufzeichnungssystem »D1« vor.

1991
Am 21. Februar startet der Pay-TV-Sender »Premiere«

seine Angebote. Eigentümer sind die Kirch-Gruppe, die Bertelsmann AG und Canal Plus.

Das »Sechste Rundfunkurteil« legt am 5. Februar fest, dass die »Bestands- und Entwicklungsgarantie« des öffentlich-rechtlichen Rundfunks auch »neue Dienste mittels neuer Techniken, die künftig Funktionen des herkömmlichen Rundfunks übernehmen können«, umfasst.

Am 31. Mai wird der Mitteldeutsche Rundfunk (MDR) als Dreiländeranstalt für Sachsen, Sachsen-Anhalt und Thüringen gegründet.

Der »Staatsvertrag über den Rundfunk im vereinten Deutschland vom 31. August 1991« schafft für das Gebiet der Bundesrepublik – einschließlich der neuen Bundesländer – einheitliche Rundfunk-Regelungen.

1992
In Deutschland nehmen mit dem »Ostdeutschen Rundfunk Brandenburg« (ORB) und dem MDR am 1. Januar zwei neue öffentlich-rechtliche Anstalten ihre Arbeit auf.

Der deutsch-französische Sender »arte« (Association Relative à la Télévision Européenne) beginnt am 30. Mai mit seinem Programm.

n-tv startet am 30. November als erster deutscher Nachrichtensender in Berlin.

1993
Das »Deutsche Sportfernsehen« (DSF) sendet ab 1. Januar.

Die Normen für das digitale Fernsehen werden festgelegt.

Sony präsentiert das Aufzeichnungssystem »Digital Betacam«, auch »DigiBeta« genannt.

1994
Im Frühjahr startet das digitale Satellitenprogramm »Direct TV«, bei dem über zwei Satelliten 150 Fernsehprogramme übertragen werden können.

1995
Sendebeginn des deutschen Teleshopping-Senders H.O.T.

Am 5. Juli startet Nickelodeon – kurz »Nick« – ein aus den USA stammender Fernsehsender für Kinder sein deutsches Programm.

1996
Der digitale Fernsehsender DF 1 startet am 28. Juli.

Sony präsentiert das digitale Aufzeichnungsverfahren Betacam SX.

1997
Am 1. Januar tritt der »Dritte Rundfunksänderungsstaatsvertrag« in Kraft. Dieser Vertrag regelt insbesondere das Recht zur Sicherung der Meinungsvielfalt im Privatfernsehen neu.

1999
Aus dem Zusammenschluss von Premiere und den bisherigen Programmen von DF 1 entsteht am 1. Oktober »Premiere World«.

Sony stellt das Aufzeichnungsformat IMX vor.

2000
Der Deutsche Fußballbund (DFB) und die Kirch-Gruppe vereinbaren im April einen Drei-Milliarden-Vertrag über den Erwerb der Bundesliga-Rechte für vier Jahre.

2002
Der Kirch-Konzern gerät in eine schwere Krise.

Im November wird in Berlin das digitale terrestrische Fernsehen (DVB-T) eingeführt.

2003
Gegenüber den Videorekordern setzen sich zunehmend DVD- und Festplattenrekorder durch.

2004
Das erste offizielle europäische HDTV-Projekt beginnt am 1. Januar.

2005
Nick bzw. Nickelodeon meldet sich am 12. September 2005 wieder auf dem deutschen Fernsehmarkt zurück.

Die Fußballweltmeisterschaft wird in HDTV-Qualität aufgezeichnet.

2007
Bis 2010 sollen digitaler Hörfunk und digitales terrestrisches Fernsehen deutschlandweiter Standard werden. Das Fernsehen soll komplett von analoger Technik zur digitalen umgestellt werden, um vor allem ein multimediales Zusammenwirken von Fernsehen, Hörfunk, Mobilfunk und Internet zu ermöglichen.

Abramson, Albert: Die Geschichte des Fernsehens. München 2002

ARD (verantwortl. f. d. Hrsg.: Peter Voß): 1950–2000, 50 Jahre ARD. Baden-Baden 2000

Beer, Ulrich: Kinderfernsehen: Bildung vom Bildschirm?, Herbolzheim 2004

Berger, Kathleen Christina: Erfolgsfaktoren im deutschen Fernsehen – Amerikanisierung am Beispiel »20 Jahre RTL«. 2004

Bernold, Monika: Tele-Visionen: Historiografien des Fernsehens. Wien 2001

Blaes, Ruth / Heussen, Gregor A. (Hrsg.): ABC des Fernsehens. Konstanz 1997

Bremische Landesmedienanstalt: Zukunft Offener Fernsehkanäle: nicht kommerzielles Fernsehen in Deutschland. Dokumentation der Tagung am 18. Mai 2001 in Bremen. Bremen 2001

Bruch, Walter: Die Fernseh-Story. Stuttgart 1969

Brück, Ingrid: Alles klar, Herr Kommissar? – Aus der Geschichte des Fernsehkrimis in ARD und ZDF. Bonn 2004

Corsa, Uta: Digitales Fernsehen in Deutschland – Programmgeschichte und Programmstrukturen von 1996 bis 2003. Habil-Schrift auf CD-Rom. Universität Leipzig 2004

Diercks, Carsten: 50 Jahre Deutsches Fernsehen. Hamburg 2002

Dittmar, Claudia / Vollberg, Susanne (Hrsg.): Die Überwindung der Langeweile? Zur Programmentwicklung des DDR-Fernsehens 1968–1974. Leipzig 2002

Engelke, Lutz: Inszenierte Medienwelten. »Der Traum vom Sehen – Das Zeitalter der Televisionen«. In: Events und E-Commerce, hrsg. von Peter Friedrich Stephan. Berlin/Heidelberg/New York, 2000, S.157–176

Fischer, Heinz-Dietrich / Jubin, Olaf (Hrsg.): Privatfernsehen in Deutschland. Konzepte, Konkurrenten, Kontroversen. Frankfurt am Main 1996

Frey-Vor, Gerlinde: Kinder und Medien 2003/2004. Eine Studie der ARD/ZDF-Medienkommission. Baden-Baden 2006

Geist, Hans-Joachim: SAT-Anlagen – planen, montieren und ausrichten. Aachen 1999

Gerhards, Winfried: Handbuch der phantastischen Fernsehserien. Hamburg 2001

Haderer, Christian / Bachschwöll, Wolfgang: Kultserien im Fernsehen. München 1996

Hall, Peter Christian: Info ohne -tainment? Orientierung durch Fernsehen. Kompetenz, Relevanz, Akzeptanz. Mainz 2005

Hall, Peter Christian: Die Krise des Medienmarktes – Geld, Strukturen, Standards. Mainz 2004

Hall, Peter Christian: Fernsehen für die Spaßgesellschaft – Wettbewerbsziel Aufmerksamkeit. Mainz 2003

Hall, Peter Christian: Krieg mit Bildern – wie Fernsehen Wirklichkeit konstruiert. Mainz 2001

Heinze, Helmut: Fernsehserien und Magazine im Zeitalter des »Dualen Systems« in der Bundesrepublik Deutschland 1984– 1994. Siegen 1997

Hickethier, Knut: Geschichte des deutschen Fernsehens. Stuttgart 1998

Hoffmann, Reinhard: Verteilung der Rundfunkgebühren zwischen den ARD-Anstalten. Köln 1998

Jäckel, Michael: Nach dem Feuerwerk. 20 Jahre duales Fernsehen in Deutschland. Erwartungen, Erfahrungen und Perspektiven. München 2005

Kain, Florian: Das Privatfernsehen, der Axel Springer Verlag und die deutsche Presse: die medienpolitische Debatte in den sechziger Jahren. Münster 2003

Karstens, Eric / Schütte, Jörg: Praxishandbuch des Fernsehens – Wie TV-Sender arbeiten. Wiesbaden 2005

Keller, Harald: Kultserien und ihre Stars. Reinbek bei Hamburg 1999

Krause, Alexander: Die Beziehung zwischen Fußball und Fernsehen in Deutschland und England. 2003

Lehmann, Frederike: Geschlechtsrollenklischees im Privatfernsehen. Exemplarische Fallstudien am Beispiel RTL. 2003

Limann, Otto / Pelka, Horst: Fernsehtechnik ohne Ballast. Poing 1998

Löhr, Paul (Hrsg.): 50 Jahre Kinderfernsehen in Deutschland. Eine Festschrift für Menschen, Träume, Programme. München 2001

Mahler, Gerhard: Die Grundlagen der Fernsehtechnik.

Systemtheorie und Technik der Bildübertragung. Berlin 2005
Manhart, Lothar: Hörfunk- und Fernsehberufe. München 1999
Martenstein, Harald: Das hat Folgen. Deutschland und seine Fernsehserien. Leipzig 1996
Moroni, Anna: Das Filmfilm-Buch. Das große Buch über die schönsten Fernsehfilme. Hamburg 1991
Ordolff, Martin: Fernsehjournalismus. Konstanz 2005
Pütz, Jean / Dittel, Volker / Manz, Friedrich: Televisionen – die Welt des Fernsehens. Köln 1978 (Neuauflage unter demTitel: Alles über Fernsehen, Video, Satellit, Köln 1989)
Rupprecht, Christian: Televisionen. Prinzipien und Praxis einer zeitgemäßen Verkündigung im Fernsehen. Erlangen 2000
Schellmann, Bernhard/Gaida, Peter/Gläser, Martin/ Kegel, Thomas: Medien – verstehen, gestalten, produzieren. Haan-Gruiten 2005
Schmidt, Ulrich: Professionelle Videotechnik: analoge und digitale Grundlagen, Filmtechnik, Fernsehtechnik, HDTV, Kameras, Displays, Videorecorder, Produktion und Studiotechnik. Berlin 2005
Schneider, Irmela: Lexikon der britischen und amerikanischen Serien, Fernsehfilme und Mehrteiler in den Fernsehprogrammen der Bundesrepublik Deutschland 1953–1985. Berlin 1991
Schult, Gerhard/Buchholz, Axel (Hrsg.): Fernseh-Journalismus. Ein Handbuch für Ausbildung und Praxis. Berlin 2006
Schumacher, Heidemarie: Fernsehen fernsehen – Modelle der Medien- und Fernsehtheorie. Köln 2000
Sühring, Corinna: Jugend und Fernsehen. Braucht Deutschland einen Superstar?, Aachen 2004
Trebbe, Joachim: Fernsehen in Deutschland 2003–2004. Programmstrukturen, Programminhalte, Programmentwicklungen ... Berlin 2004
Weber, Wolfgang Maria: 50 Jahre Deutsches Fernsehen. Ein Rückblick auf die Lieblingssendungen in West und Ost. München 1999
Winkler, Klaus: Fernsehen unterm Hakenkreuz. Organisation Programm Personal. Köln 1994
Zwaenepoel, Tom: Fernsehkrimis »made in Germany«. Gent 1994

Sach- und Ortsregister

Personenregister

Bildnachweis

Al Jazeera S. 13
ARD 62, 135
Arte S. 156
Bayrischer Rundfunk S. 56
Cinetext, Frankfurt am Main S. 35, 36
Deutsches Rundfunkmuseum, Berlin S. 16, 25 o., 26, 27 o.
DF1 S. 156
3sat S. 156
GEZ S. 121
Gfk S. 8
Henkel AG, Düsseldorf S. 55
Hessischer Rundfunk S. 42 (C. Meile)
Interfoto, München S. 43 o., 57, 59, 80, 89, 90, 93, 110
Kabel 1 S. 156
KIKA 156
Movie-College/Allary Film TV & Media S. 15
MTV 156
n-tv 156
Nickelodeon S. 156
Picture-alliance/dpa S. 9, 10, 11, 20, 31, 33, 51, 61, 70, 76, 126, 128, 130, 132, 138
Klaus Pielert S. 83
Premiere S. 156
Pro Sieben 125, 156
Radio Bremen S. 111
RTL S. 11 u., 12, 134, 156
Sat.1 S. 156
Werner Scholz, Lingen S. 27 u., 43, 46, 60, 65, 80 o., 99, 100, 101, 105, 107, 108, 115, 116, 119, 149, 151, 159, 160, 162, 163 o., 163 u., 165
Sven Simon S. 88
Sipa-Press 151
Süddeutscher Verlag 133
Ullstein Bild S. 18 o., 19, 37, 47, 96
VIVA S. 156
VOX S. 156
WDR S. 44 u.
Wolfgang Maria Weber 78, 85, 103
ZDF 81 o., 82, 84, 85 u., 95, 112